三上直之

「超」読解力

講談社+α新書

まえがき

読むことに追われる時代

私たち現代人は、日々、読むことに追われて暮らしています。

朝起きてすぐに新聞をチェックするのは社会人の義務のようなものですし、会社へ行けば、企画書や報告書、次の仕事のために集めた本や資料がデスクに山積みのまま、あなたに読まれるのを待っています。また、仕事に直接使うものではないけれど、話題になっている本や、自分の教養を高めるための本もきちんと読んでおきたい、そう思っている意欲的な人も多いことでしょう。

学生のみなさんも、講義やゼミで読まなければならない本が、一冊や二冊はあるはずです。就職活動に備えて、読書らしい読書をしなくてはと思うのだけれど、なかなか時間が取れずに悩んでいる人も少なくないでしょう。

私たちは、つねに何かを読み続ける必要に迫られながら生きているのです。

近年では、これにインターネットや携帯電話の普及が拍車をかけています。

まずは大量のメールです。今どき、一日に一〇〇通、二〇〇通のメールを送受信している人は珍しくありません。受け取るメールすべてに返事をする必要はないにしても、あわただしい暮らしのなかで、ざっと目を通すことすら難しいときもあります。

また、検索エンジンを使えば、知りたいテーマに関して、たちどころに大量の記事や参考資料を集めることができます。資料を山ほど集めてプリントアウトしたが、それをどう読み、処理すればいいのか、途方に暮れた経験をお持ちの方は少なくないはずです。

難しい文章が頭に入ってこない人へ

こうして読むことに追われる生活を送っていると、ときどき、読んでいる内容がさっぱり頭に入ってこなくなることがあります。

問題が起きがちなのは、新聞・雑誌の論説・評論や、大学の先生が書いたような専門的な本などの、かたい文章です。

そんなかたい文章を、あるときは会社のプロジェクトで必要だから、あるいは大学のレポートのために読もうとするのだが、気づくと目は活字を追っているだけで、肝心の内容はほとんど理解できていない。そんな状態に陥《おちい》っていることはないでしょうか。

少しでも心当たりのある方、ぜひ、この本を先に読み進んでいってください。難解な文章、かたい文章を読む力が身につくはずです。

そうして手に入れた「読解力」を、仕事に勉強に活用してください。とくに学生のみなさんには、現代文や小論文の参考書として、また就職試験準備のためにも使ってもらえるよう書きました。

意外と頼りになる学生時代の教科書

ところで、みなさんは中高生時代に使った教科書や参考書を読み返すことがありますか。

私は、ときどきあります。といっても、一ページ目から順に復習するわけではありません。忘れてしまった英文法や古文単語について確かめたいとき、テレビや新聞を見ていて、昔に習ったはずの社会や理科の知識があやふやなのに気づいたとき、確認するために使うのです。

自宅の勉強部屋には、高校の歴史や公民、理科、数学、英語、古文などの教科書・参考書があります。自分自身が学校で使っていたものもありますし、人からもらったもの、最近新しく購入したものもあります。

私は、大学で研究をしながら、高校生に現代国語や小論文を教える仕事をしてきましたので、担当科目以外のものであっても、高校生・受験生がふだん使うような教科書は大事な商売道具です。研究のため、ちょっとした調べものをするときにも重宝《ちょうほう》します。

学校を卒業してだいぶたった身のまわりの大人に聞くと、私と同じように教科書や参考書を利用している人がかなりいます。教科書には、必要な情報がコンパクトにまとめられていて、これほど便利なものはありません。

大人が使える国語教科書がない

それでは、たとえば、歴史番組を見ながら日本史や世界史の教科書・年表を見直すように、難解な文章、読みにくい文章にぶつかったときに頼れる教科書はあるでしょうか。学生時代に使った現代国語の教科書は、その役目を果たしてくれるでしょうか。

残念ながら、答えは「ノー」です。学校で使われている国語の教科書は、素材となる文章を並べているだけで、文章の読み方それ自体について、詳しく触れてはいないからです。新聞や雑誌の論説・評論、あるいは教養書などにおいて難解な文章に出くわした場合に使える

「大人の教科書」はない、というのが現状なのです。

この『「超」読解法』を、大学生や社会人が頼れる現代国語の教科書として活用してください。

二〇〇五年一一月

三上直之《みかみなおゆき》

◉目次

第四章　読解力をさらに鍛える技術

第五章　要約は最良の読解力テスト

第六章　文章の背景知識を学べば読解力は格段と高まる

※お断り　練習問題のために引用した文章の出典は各問題文の末尾に記しましたが、そのほか、本書の執筆にあたって参考にした文献は、巻末にまとめて掲げました。なお、出典のない例文は筆者が自ら作成しました。

第一章　文字情報「強迫」社会を生き抜くための読解力

日本の小中学校の国語授業

この『「超」読解力』を手に取られた方は、日々、押し寄せる大量の文字情報をもっとスピーディーに処理したい、複雑で難解な内容の本をすらすら読めるようになりたいと考えていることと思います。

そのためには、ふつうに日本語の読み書きができる以上の能力が必要です。それを本書では、「**読解力**」と呼ぶことにします。この『「超」読解力』で紹介していくのは、そうした読解力、読む力を効率よく身につけるための方法です。

現代国語や小論文の指導に長年たずさわってきた経験から言うと、読解力は、大きく分けて三つの部分から成り立っています。どれも特別な才能ではなく、意識的にトレーニングし、伸ばしていくことのできる力です。

第一に、文章に出てくる語彙《ごい》や文法など、日本語についての一般的な知識です。知っている言葉の数が少なければ、それだけ理解できる文章の幅はせばまってしまいます。その意味でこれは、文章を読むための基礎となる知識・能力だといえますが、一方で読書の経験を積むことでさらに鍛えられていく面もあります。

日本の小中学校の国語の授業は、この能力を伸ばすことにかなりの比重を置いています。漢字の練習をしたり、語句の意味を確認して覚えたりといった学習は、すべてこの第一の意味での読解力に属します。最近では、この意味での国語力、読解力を鍛えることを目的とした良い本が、一般向けにもたくさん出版されるようになっています。

学校国語に欠けているもの

第二に、文章の流れや組み立てを客観的・論理的につかみ、文章を構造的に理解する能力も読解力の大事な要素です。これは、**論理的思考力**と言いかえてもよいでしょう。

この能力は、言語が変わっても共通です。論理的思考力は日本語でも英語でも基本的に共通だということです。裏返せば、日本語の文章を筋道立てて理解できない人は、英単語や英文法をどれほど頭に叩き込んでも、英語の長文をスラスラ読めるようにはなりません。

読解力のうち、この論理的思考力という側面は、これまで学校の国語ではあまり重視されてきませんでした。これは独断かもしれませんが、日本の国語教育は、ことに小中学校レベルでは、感情や人間関係の理解に重点を置いています。なかでも、小説や物語の登場人物の行動や気持ちを読み解きながら、擬似的《ぎじてき》に社会経験の幅を広げていくことに重きが置かれています。そこでは、客観的な読解よりも個々人のフィーリングやセンスが重視されます。

小学生ぐらいまでならば、たしかにこういう読み方も大事なのですが、大学に進学してから、あるいは社会に出てから求められるのは、好き嫌いなどの感情を抜きにして、文章に書かれていることを客観的に読み取る力のはずです。主人公に感情移入しながら小説を読む力ではなく、たとえば専門雑誌の解説記事の要点を、自分の主観を交えずにスピーディーに整理し報告する力です。

先入観を排除して、書かれていることを正しく読み取るには、それなりの訓練が必要です。ところが、学校国語のカリキュラムには、残念ながらこうしたトレーニングはほとんど組み込まれていません。こうした技術を教えてくれるのは、現状においては、学校よりもむしろ塾や予備校ではないかと思います。

読解力アップのための厳選テクニック10

大学受験の現代国語の攻略法として、予備校の授業や参考書で強調されている最大のポイントは、「先入観を排除して文章を読め」ということです。自分の感想や思いを交《まじ》えず、客観的に何が書かれているのかをとらえる、それができれば難解な評論文・論説文も読めるようになるし、設問にも正しく答えられる、というわけです。

実際、学校の国語の授業で奨励《しょうれい》されるように自由に想像力をふくらませて読むことを前提にすると、答えの可能性は無限に広がってしまいます。それでは、正しい答えを一つに決めなければならない入学試験では、困ったことになってしまいます。

入試問題は、基本的に、論理的に筋道立てて考えさえすれば誰でも同じ答えが出せるようにつくってあります。一部の大学では、その点が多少あやしい入試問題もありますが、たとえば、問題・解答が完全に公開され、新聞紙上で全国的に報道される大学入試センター試験の問題などは、さすがによく練られていると毎年感心させられます。

入試問題がこういうふうにつくられている以上、「先入観を排除して文章を読め」という指導方法は、フィーリングやセンスに頼った読み方に比べて、強い威力を発揮します。私も高校生向けの現代国語の授業で、先入観を排した読解法を指導してきました。

この本では、そうした私の「『超』読解力」のテクニックの中でも、とくに重要なもの一〇個を厳選して、詳しく解説しています。いずれも、ビジネスや勉強のために、読解力を手早くアップさせたい人に、すぐ役立つテクニックばかりです。

バランスの取れた「先入観」が必要

読解力の第三のポイントは、文章の内容についての背景知識です。政治、経済、社会、科学、スポーツ、芸術など、文章のテーマそのものに関わる知識です。こういった背景知識も、これまでの国語の授業では、ほとんど取り扱われてきませんでした。

「先入観を排除して文章を読め」という原則を貫《つらぬ》くならば、文章の内容自体についての予備知識は、不要であるどころか、客観的・論理的な理解を妨《さまた》げる障害になります。現代国語の参考書の中には、論理的思考力さえあれば文章の内容についての知識は必要ないと言い切っているものもあります。

たしかに、現代国語のテストは文章の読解力、表現力といった「国語力」を純粋に試すものですから、そのなかで文章の内容に関する背景知識を要求するのは邪道かもしれません。しかし、まったく予備知識を持たずに文章を読むことは不可能です。排除しようと思っても、何らかの先入観が入り込んできます。

かりに何の予備知識・先入観も持たない人がいたとすると、その人は、文章で言われていることがどういう位置づけになるのか、たとえば過激な意見なのか穏健《おんけん》な意見なのかも分からず、結局、文章の内容は頭に残らないことになります。

この意味で言うと、本当に必要なのは、「先入観を排除して読む」ことではなく「**バランスの取れた先入観を持って読む**」ことです。ただ、バランスが取れていれば、それは「先入観」ではなく、したがって「バランスの取れた先入観」というのは矛盾《むじゅん》した言い方なのですが、ここで言いたいのはこういうことです。

さまざまな問題に関してさまざまな論じ方がある、そのことを具体的な知識として把握《はあく》したうえで、その知識をいったん脇に置いて、先入観を排除して問題文に接する。それによって、たんに形式的な論理的思考力に頼るだけでは得られない、内容についての実のある理解ができるのではないか、ということです。

「近代」への理解が読解力のカギ

もちろん、どんなテーマの文章を読むのかによって、必要な知識は違ってきます。しかし、新聞や雑誌の論説・評論にせよ、新書や教養書にせよ、現代社会を生きる私たちにとって「読解力」が問題になる場面で問われている背景知識は、一言で言ってしまうと、**「近代」というものに対する理解**につきます。

この数百年にわたり、科学とテクノロジーが飛躍的に発展し、個人主義や民主主義の思想が開花し、それと同時に、資本主義・産業主義が世界を覆《おお》いつくすに至った時代。それが近代です。

少し乱暴なまとめ方ですが、私たちを悩ませる難解な評論や論説文は、そのほとんどが、この近代という時代をめぐって、その特徴や問題点、さらにはそれらを克服《こくふく》するための道筋を論じていると考えて間違いありません。

本書では、そのような観点から、社会人や大学生が読む力を身につけるのにすぐに役立つのに必要な背景知識も、ところどころに折り込むようにしました。

読解力の三つのポイント

以上、読解力の三つの要素について詳しく説明しました。改めて整理すると、次のようになります。

読解力とは……

次の三つが組み合わさった総合的な能力

①語彙や文法など日本語についての一般的な知識
②文章を構造的に理解するための論理的思考力
③文章の内容についての背景知識

このうち、本書では、読解力の増強にすぐに役立つ②の論理的思考力、読み方のテクニックを中心に、ところどころで、③の文章の内容についての背景知識に関する話題も盛り込みながら、話を進めていきます。

最初から通して読んでいただくのが一番ですが、ご自分が必要だと思うページ、あるいは興味のあるページから読み始めていただいてもかまいません。

文字情報「強迫」社会

私は、現代社会を、人々がつねに読むことを迫られる読書「強迫」社会だととらえています。「強迫」というのは少々きつい言い方ですが、現代を生きる私たちは、大量に生み出される文字情報をたえず処理しつづけることを求められています。その意味では、より正確には、**文字情報「強迫」社会**と言うべきかもしれません。

ここで言う文字情報には、狭い意味での読書の対象となる書籍だけでなく、新聞や雑誌、インターネットを通じて発信されるメールやホームページのコンテンツも含まれます。

本の売り上げや一人一人の読書冊数といったデータからは「活字離れ」の傾向が読み取れるのかもしれませんが、日々の暮らしのなかで、文字情報を取り込む活動すべてを読書ととらえるなら、私たち現代人が読むことに追われているのは間違いのないことです。

問題は、そうした文字情報「強迫」社会のなかで、私たちが本当に価値のある文章に出会い、十分な時間をかけて接することができているのか、ということです。

最初にも述べましたが、処理しなければならない大量の情報におぼれて、活字を追っているけれども内容が頭に入ってこないという経験をされている方も少なくないと思います。そうした生活のなかでは、さらに書籍を買って読もうと思っても、そんな時間も余力も残っていないというのが現実だと思います。

本書を通じて、強力な読解力を手に入れて、日々の仕事や勉強において読むことが楽にできるようになり、さらには価値ある本に出会い、読書を楽しめるようになっていただければ幸いです。

第二章　読解力の磨き方

「言いたいことは一つ」と考えてみる

文章を読んでも、いったい何を言っているのか頭に入ってこない。言っていることは分かるのだけれど、読み終わった後に記憶に残っていない。また、「内容を簡単に説明しなさい」などと言われると困ってしまう……。

そんな経験はありませんか。これは、文章の内容が込み入ってくると、よくあることです。こんなときは、基本に立ち返って考えてみるのが一番です。

どのような文章にも、必ず一つは、**言いたいこと**があります。言いたいことが二つ以上含まれている文章もあるけれど、それでも、いちばん強調したいのは一つだという場合がほとんどです。

文章が長くなって本一冊分になったとしても、やはり言いたいことは、基本的に一つと考えたほうがいいと思います。なぜかと言うと、最終的に一つ言いたいことがあって、他の部分は、それを言うために書かれているのだと考えていくと、文章をすっきり理解することができるからです。

おぼれず迷わず主題文を見つけ出す

この「言いたいこと」を文章の**主題**と呼びます。ある文章の中で、主題を直接的に表現している部分を、**主題文**と言います。

主題文以外の部分は、すべて**説明文**です。説明文というのは、具体例を挙げたり、理由を示したりして、主題文を分かりやすく説明する部分です。イメージとしては、文章の大半は説明文から成り立っていて、その中にぽつんと、本当に言いたいこと、本当に伝えたいことを表現している主題文がある、という感じです。

主題文＝文章の中で「言いたいこと」を直接表現している部分
説明文＝主題文以外の部分（具体例や補足説明など、主題文を分かりやすく説明する部分）

文章を読むという行為は、要するに、書き手の「言いたいこと」を理解することです。それは説明文の海の中から主題文を見つけ出す作業にたとえることができます。

このたとえで言うと、文章を読んでいるときに、どの部分もサッパリ分からないというのは、海でおぼれている状態でしょう。それぞれの部分で言われていることは理解できるのだけれど、文章全体として要するに何が言いたいのか分からないというのは、おぼれてはいないが、自分がいまどこを泳いでいるのか分からずに、迷子になってしまっている状態です。

では、どうしたら説明文の海の中をおぼれず迷わずに泳ぎ抜き、スピーディーに主題文を見つけ出すことができるのでしょうか。

好打者でも空振りする理由

野球中継を見ていると、ホームランを量産するような好打者が、大きく空振りすることがあります。バットが空を切って、まるでボールにかすりもしません。

あんなすごい打者がどうして？　と不思議に思うのですが、これにはワケがあります。

バッターは、次に来る球をある程度予測してバットを振っていて、その予測が外れれば、どんな強打者でも大きく空振りすることがある、というわけです。

次に来るのは直球なのか、変化球なのか。直球だとすれば、コースはどのあたりか、変化球ならば球種は何か。カーブか、フォークか、スライダーか……。

バッターはそういう予想をして、次に打ちやすい球が来ると判断したときに、大きくバットを振って勝負に出ます。

だから、相手チームの投手の変化球のレパートリーにどんな球が入っているか、そして、それをその投手がどんな順序やパターンで繰り出してきそうかを熟知していることが、好打者に欠かせない条件となります。

こうした情報をもとに、次に来る球を予想してバットを振る。予想が外れれば、いくら好打者であっても、空振りすることになります。

文章にも変化球がある

じつは、文章を読む場合にも同じようなことが言えます。文章の書き手が投手であり、読み手が打者です。

野球の投手が、直球や変化球を取り混ぜて投げるのと同じように、文章の書き手も、ときにはさまざまな変化球を駆使《くし》します。自分の主張をストレートに読者にぶつける直球勝負だけでは、読者は納得してくれないからです。

投手が変化球を使うのは、バッターを三振や凡打におさえるためですが、文章の書き手も、読者を自分の土俵に引きずりこみ、自分の主張や意見を説得的に伝え、納得させるために、論理展開や表現の方法を工夫します。

この方法にもさまざまな種類があって、どんな方法をどういう場合に使うかは、書き手ごとに個性やクセがあります（個々の投手ごとに得意な球種や、個性・クセなどがあるのと同じです）。

書き手＝相手投手の球種を知る

しかし、ある程度共通するメニューはあります。メニューというのは、こういうふうに書いたら効果的に自分の考えが伝わるという技＝テクニックのようなものです。文章の書き手は（無意識にという場合も多いのですが）、メニューの中から、その場その場に応じた効果的なテクニックを取り出して使いながら、文章を書いているわけです。

とすれば、文章を書く人が、私たち読者を説得するためにどんなテクニックを使うのか、その一般的なメニューを知っておけば、文章をスムーズに読むうえで、大きな手がかりになります。野球の打者が、ピッチャーの球種を頭に叩き込んで、次に来る球を予測しながらバットを振るのと同じように、筆者が文章を書くときに、次はどんなテクニックを使ってくるのか予想するのです。

説得の技術＝レトリック

どんな表現を使えば説得力が増すかは、筆者や読者の好みや性格、話のテーマによる部分が大きいのですが、それ以上に、誰に対しても共通して説得力を持つものの言い方や表現の仕方というのがあります。どんなふうに語りかけられると、私たちは説得されやすいのかについては、ある程度の法則・ルールがあるのです。

こうした言葉による説得のテクニックは、**レトリック**（**修辞法**《しゅうじほう》）と呼ばれます。どういう言葉づかいが説得力を持つかという法則の研究は**修辞学**と呼ばれ、これも英語で言うと、同じレトリックになります。

つまり、レトリックとは、言葉を効果的に使って人を説得するための技法、そして、その技法を研究する学問のことです。

「レトリック」というと、美辞麗句《びじれいく》を並べて、本当は内容のない話をあたかも意味のあるもののように表現するごまかしの技術というイメージがあるかもしれません。国語辞典でレトリックを引くと、本来の修辞法という意味に加えて、「美辞麗句」「巧言《こうげん》」などの意味も載っています。「彼のレトリックにだまされた」などという具合です。

しかし、もともとレトリックとは、言葉を効果的に使って読み手や聞き手を説得するための技術のことです。かりに、どんなに面白い話題を持っていても、表現の仕方が悪ければ、その話題は生かされずに死んでしまいます。的確に言葉を使えば、その話題をより魅力的なものとして効果的に伝えることができます。

アリストテレスの『弁論術』

このレトリックというテーマは、古くから人々の関心を引きつけてきました。すでに紀元前四世紀に、ギリシアの哲学者**アリストテレス**（紀元前三八四〜三二二年）は、レトリックをテーマに『**弁論術**』という一冊の本を書いています。私の手元にある岩波文庫版（戸塚七郎＝訳）では、注釈も入れると五〇〇ページにもなる、ぶ厚い本です。

今から約二三〇〇年前に著《あらわ》されたものですが、今日でもレトリックの話をするときに、よく取り上げられる本です。このなかで、アリストテレスは、「弁論術とは、どんな問題でもそのそれぞれについて可能な説得の方法を見つけ出す能力である」と述べています。

こうした「説得の方法」への関心は、当時の時代状況を考えれば自然なことでした。

古代ギリシアのポリス（都市国家）では、専制政治ではなく、市民が参加する民主制が敷かれていました。この民主制は、少数の市民が多数の奴隷《どれい》を支配する奴隷制度を基礎としており、参政権は男性だけに限られているといった限界はありましたが、ポリス市民の間では、理想的な政治・国家のあり方や、自然法則の合理的な認識などについて、公共の場で自由な討論が行われていました。アリストテレスの思想は、まさにそうした時代から生まれたのでした。

アリストテレスの師であるプラトンや、ソクラテスなども、そうした自由なポリス社会が生んだ思想家です。「説得の技術」への関心は、アリストテレスの専売特許ではなく、古代ギリシアのポリスでは一般的なものだったと思われます。

その中でもアリストテレスが特別だったのは、説得の技術を経験による慣れやカンの問題として片づけてしまわなかった点です。人は言葉によってどう説得されるのか、その法則を徹底的に観察し理解しようと努めたのです。

そして、その観察や理解に基づいて、「どんな問題でもそのそれぞれについて可能な説得の方法を見つけ出す」やり方を、一種のマニュアル本として分かりやすくまとめたのが『弁論術』でした。

説得の方法には三種類ある

アリストテレスは『弁論術』のなかで、説得の方法を三つに分類しています。アリストテレスの言葉を借りれば、①論者の人柄にかかっている説得、②聞き手の心がある状態に置かれることによる説得、③言論そのものにかかっている説得、の三種類です。言いかえれば、①信頼（語り手の品性・人柄などによって相手の信頼を勝ち取る）、②感情（相手の情に訴えかける）、③論理（理屈で訴える）ということです。

この本で対象にしているような、論説文や評論文、説明文などの場合、もちろん中心にくるのは③の論理・理屈ですが、読者は同時に、信頼や感情に訴えるメッセージも受け取っています。

たとえば、筆者が権威のある学者だったり著名人だったりすれば、読者は、知らず知らずのうちに、その内容が正しく読む価値のあるものだと判断するでしょう。また、説得においては、理屈に訴えるよりも、怒りとか恐れとか不安などの感情に訴えるほうが効果的な場合も多くあります。新聞の論説・社説は、新聞社の主張を論理で訴える欄だということになっていますが、実際には、読者の不安や恐れ、怒りなどの感情を刺激することで、問題への注意を喚起《かんき》することはよく行われています。

ローマ最大の文章家・弁論家と言われるキケロは、この説得の三分類を引き継いで、弁論家の三つの義務は「論証すること」「気に入られること」「感動させること」だと述べています。

みなさんもぜひ、文章を読みながら、自分はいま、情に訴えかけられているのか、理屈に訴えかけられているのか、あるいは信頼に訴えかけられているのか、ということを意識してみてください。

トポス＝倉庫に議論のタネをたくわえる

さて、アリストテレスの『弁論術』を読んでいて興味をひかれるのは、「**トポス**」という考え方です。トポスは、ギリシア語で「場所」を意味します。日本でもディスカウントストアの名前になっていたりしますので、単語自体には、なじみのある方もいらっしゃることかと思います。

『弁論術』においてトポスとは、言葉で人を説得する際に使える議論のタネという意味で使われています。ここで言うタネには、たとえば、議論の運び方のパターンや、一般的な論点・テーマなど、あらゆるものが含まれます。

こうした議論のタネがなぜ「場所（トポス）」と呼ばれるのか、不思議に思う方も多いかもしれません。

さまざまな議論のタネがたくわえられている倉庫があって、その倉庫から、文章を書いたり演説をしたりする人が、そのつどタネを取り出してきて使っていく状態をイメージしてください。その倉庫がトポス（＝場所）なのです。そこから転じて、トポスにたくわえられている議論のタネのことを、トポスと呼ぶようになったのです。

アリストテレスの時代には、トポスについての勉強は「トピカ」という一個の独立した科目だったそうです。アリストテレスには、『弁論術』のほかに『トピカ』という作品もあります。トポスには、大きく分けて、あらゆるテーマを論じるときに共通に使える「共通トポス」と、個別の論題をめぐる論点・論じ方である「固有トポス」の二つがあります。

ちなみに、ふだん私たちは、文章やスピーチで取り上げる話題のことを「トピック」と言いますが、このトピックという英単語の語源は、ギリシア語の「トポス」「トピカ」にあります。「トピック」という言葉は、もともと、「場所」（＝話題や論点の倉庫）という意味だったのですね。

トポスという発想から見えてくるもの

　このトポスは、日本語に訳しにくい言葉です。日本語で書かれたレトリックの専門書を見ると、「議論の前提命題」「論拠や論証の一般型」などと説明されています。また、岩波文庫版の『弁論術』では、トポスは「論点」と訳されています。

　しかし、「論点」にせよ「論拠や論証の一般型」にせよ、ちょっと分かりにくい面があります。

　個人的には、このトポスという言葉は無理に訳さないほうがいいと思っています。トポスは、まさに議論のタネが貯蔵されている場所（倉庫）であり、トポスという言葉を訳さずそのまま残しておくことで、「倉庫からタネを取り出してきて議論に使う」というイメージが生かされると思うからです。

　この「トポス」の発想は、読解力のトレーニングについて考えるうえで、非常に参考になります。といっても、アリストテレスが『トピカ』や『弁論術』で取り上げているトポス（数え方によっては三〇〇を超すとも言われます）それ自体について学ぶ必要があると言っているわけではありません。古代ギリシアのトポスが、そのままそっくり現代に使えるとは限りません。

むしろ、ここで参考にしたいのは、「倉庫から議論のタネを取り出してきて使う」という発想のほうです。

少し前に、書き手が私たち読者を説得するために使うテクニックを知っておけば、文章を読む手がかりになるということを、野球を引き合いに出して述べました。このテクニックがたくわえられている場所こそ、トポスなのです。だから、倉庫の中にどんな論点がストックされているかあらかじめ知っておけば、それを念頭に置きながら文章を読むことができます。

次の第三章と第四章では、そうした倉庫の中身を念頭に置きながら、読み方のテクニックを一緒に学んでいきたいと思います。

レトリックは五部門から成り立つ

アリストテレスの『弁論術』を紹介したついでに、読解力の話からは脇道にそれますが、もう少しだけレトリックの話をしておきましょう。

古くからレトリックは五つの部門から成り立つと考えられてきました。レトリックを、何かを考えて文章にまとめ人前で発表したり、印刷物として発表したりするための技術として考えれば、この五部門は現代にも通用する枠組みです。そうした技術を磨くために、どんなバランスでトレーニングを積んでいけばよいのか考えるうえで、この枠組みは参考になります。

以下、その五つの部門を紹介しておきましょう。

(一) 発見・発想

何を言うべきか、何を書くべきかについて、着想を得る段階です。世の中に出回っている新たな企画やアイデアを生み出すための技法について論じた発想法の本は、おもにこの段階を対象にしていると言っていいでしょう。

(二) 構成・配置

前段で手に入れたアイデアを使って、一つの論文なり演説なりの構成をつくりあげていく段階です。個々のアイデアを組み合わせ積み重ね、序論・本論・結論とか、序破急、起承転結などのかたちで構成していきます。古典的なレトリックでは、「序論」「論題の提示」「論証」「結論」の四要素が、弁論構成の標準的なスタイルとされていました。

(三) 修辞・表現

こうして得られた着想や構成をもとに、自分の言いたいことが聞き手・読み手に効果的に伝わるよう表現を工夫しながら、実際に文章にしていく段階です。今日「レトリック」と言うと、おもにこの段階まで（とくにこの段階）のことを指すのがふつうです。

（四）**記憶**

古代のレトリックは口頭での弁論が基本でしたから、自分が発表する原稿の内容をきちんと記憶する能力も、レトリックの一部門とされていました。また、立論に生かせるようさまざまなトポスを記憶しておくことも重要です。

（五）**発表・演技**

作成した原稿を口頭で発表する段階です。口頭の弁論では、実際に発表する際の発声とか、表情や身ぶりなどのパフォーマンスが、議論の説得力に大きな影響を及ぼします。今日、書店の実用書・ビジネス書のコーナーに並んでいるスピーチの方法とかプレゼンテーションの技法といった本は、この部門に分類できるでしょう。

意外に大切な記憶力

この五部門の分類で面白いのが、四番目の「記憶」という項目です。

記憶力はないよりはあったほうがよいけれど、文章力とか構成力などに比べれば、副次的なもののような感じがします。そんな記憶力が、五部門の一つとして、発想や表現・構成などと対等に並んでいるのは、ちょっと不思議な感じがします。

しかし、よく考えてみれば、原稿がどれほど上手に書けていても、それをうまく口頭で表現できなければ台無しです。原稿がきちんと頭に入っていれば、それだけ上手に話せる可能性は高まります。

また、原稿を書く段階で倉庫から議論のタネを引き出してくる際にも、モノをいうのは記憶力です。論点や議論の取っかかりになる命題が、頭のなかにきちんと整理されて、収まっていれば、必要に応じてそれらを引き出して、有効に活用することができます。

記憶の重要性は、じつは読解力にも通じることです。多くの書き手が共通して持っている議論のタネが頭に入っていれば、さまざまな文章に対応しやすくなります。さまざまな議論の展開方法や、言葉の使い方、論点などを頭のなかで整理しておくのは、まさに記憶の力です。

ここで言う記憶力とは、単なる丸暗記の能力とは違います。議論の展開方法や言葉の使い方、論点などは、ただ丸暗記しても、文章を読んだり書いたりするときには使えないからです。むしろ、理屈や意味を理解したうえで、きちんと使いこなせるように自分のものとすることが大事であり、記憶力が重要になってくるのは、そのためです。

最近では、丸暗記は「考える力」を奪うものだと言われ、「記憶が大事だ」などといった話は評判が悪いのですが、読む力や書く力を鍛えるうえで、やはり記憶力がモノをいう面があることは、しっかりと意識しておくべきだろうと思います。

第三章　三つの方法を見抜いて読解力アップ

論理展開の基本三パターン

この第三章と次の第四章では、文章を読むうえでのテクニックのうち、とくに重要なもの一〇個を取り上げ、詳しく解説していきます。「『超』読解法」の基礎であり、また核心部分でもあります。

一〇個のテクニックそれぞれに関して練習問題も入れてありますので、好きなように使ってください。机に向かって読んでいる方は、筆記用具を用意して実際に挑戦してみるのもよいでしょう。腰を据《す》えて読む余裕のない方は問題や解説に目を通してもらうだけでも結構です。

さて、前の章では、アリストテレスの『弁論術』に触れながら、議論の運び方のパターンや、一般的な論点・テーマなど議論のタネになるものがたくわえられている場所(=トポス)という発想を紹介しました。

トポスを一つの倉庫のようなものと考えるなら、この文章表現の倉庫の中には、じつにさまざまなストックがあります。そのなかでも基本となるのは、一つ一つの文や段落をどのように積み重ねて、一つの文章にしていくかという「**論理展開の方法**」です。

もちろん、論理展開の方法にもさまざまな種類があって、どんな方法をどういう場合に使うかは、書く人によって個性やクセがあります。しかし、**基本となる方法は三つ**しかありません。

前の章で野球のたとえを出しましたが、野球と違うのは、この「三つの方法」さえ知っていれば、空振りすることはほとんどなく、トレーニングしだいでは、三割どころか八割、九割の打率を上げることができる点です。

1　**対立　欧米と日本、過去と現在を対比するなど、二つの事柄を比較・対照させる方法**

2　**並立　「第一に……、第二に……、第三に……」などと、要点を列挙する方法**

3　**同内容　同じ内容を、表現を変えながら繰り返し説明・主張する方法**

本当はもっと細かく分類することもできるのですが、それを始めるとキリがないので、関心のある方は、大学の論理学の教科書などで勉強してください。ふだんの仕事や勉強などで文章を読むうえでは、この三つを知っておくだけで十分です。

この章では、これら論理展開の三つの方法を、順番に解説していきます。

ふだん、ほとんどの人は、こんなことは意識せずに文章を読み書きしていると思います。簡単な文章なら、それでも何の問題もありません。しかし、少し込み入った文章、専門的な文章を読むときなど、筆者が、どんな論理展開の方法を使って文章を書いているのか意識することで、読むのがだいぶ楽になります。

読解力テクニック① 対立を見きわめる

論理展開の三つの方法の一つ目は、**対立**です。

対立というのは、二つのものを対比させながら説明や議論を進めるやり方です。日本と欧米、今と昔、田舎と都会、関西と関東というように、二つのものを比較したり対照させたりして話を進めていく書き方です。この書き方の文章は、何と何とが対比されているかをつかんで、その対比を意識しながら読んでいけば迷うことがありません。まずは、ごくありふれた話題について書いた文章を例に挙げます。

練習問題1　この文章は、対立の論理展開で書かれています。ここで筆者は、何と何を対立させているでしょうか。それぞれ一言で答えてください。

離れたところにいて、すぐに会いに行くことができない人に連絡を取りたいとき、電話を使うべきかメールを使うべきか、迷う場面が少なからずある。

メールの最大のメリットは、送り手にとっては、自分が思いついたとき、好きなときにいつでも発信でき、送った瞬間に相手のメールボックスに届く点にある。電話だとこうはいかない。相手が留守ならかけ直さなければならないし、よほどの急用でないかぎり深夜や早朝に連絡することは、はばかられる。受け手も、電話なら食事中だろうが会議中だろうが強制的に電話口に呼び出されるが、メールなら時間に余裕のあるときにメッセージを読むことができる。しかも、電話口で、または面と向かっては言いにくいことでも、メールだと伝えやすいという面もある。

一方で、電話にも捨てがたい魅力がある。メールは相手の都合次第でいつ読んでもらえるか分からないから、本当の急用の場合は電話に限る。また、電話ではお互いに相手の反応を聞きながら話を進めていくので、相談事などの場合、文字だけでは表現しきれない微妙なニュアンスまで伝えることができる。メールの言葉は、パソコンの画面上で整えてから発信するから、かえってとげとげしくなってしまい、そこから誤解が生じる場合が少なくない。電話なら、じかに声を聞くことでそうした誤解をある程度回避することができる。
　このようにメールも電話も一長一短があるから、連絡手段としてどちらが優れているとは一概に言えないだろう。それぞれの長所・短所を理解したうえで、相手や場合によって使い分けていくしかなさそうである。

　連絡手段としてのメールと電話の長所・短所についての文章です。よくある話であり、難しいところはとくにないと思います。この文章で、何と何が対比されているかといえば、それは「メール」と「電話」ですね。

正解　A＝メール　　B＝電話

　これは、メールと電話という身近な通信手段の話でしたが、話題がもう少し抽象的になっても、構造は基本的に同じです。たとえば――

A　西欧　　　A　昔　　　A　メール

←→ B　日本
←→ B　今
←→ B　電話

このように、二つの物事を対比させて説明や議論を進める方法を、対立の論理展開と呼びます。たとえば、「西欧は〜だが、日本は……である」とか「昔は〜だったが、今は……である」というように、「Aは〜だが、Bは……である」という形式で書かれていれば、基本的にすべて対立です。

対立を意識すると要点がつかめる

対立の論理展開を見抜くことができると、非常に便利なことがあります。それは、文章の要点を素早くつかめるということです。

先ほどの練習問題1と同じ文章を使って、もう一つ例題をやってみましょう。手元に筆記用具がある人は、ぜひ自分で手を動かしてみてください。

練習問題2　練習問題1の文章の内容に基づいて、連絡手段としての「メール」と「電話」の特徴（長所）をそれぞれ六〇字以内でまとめてください。

メールの長所は、

電話の長所は、

六〇字といえば、それぞれ一言ずつですね。つまり、メールにも電話にも一長一短があるが、それぞれの長所を、一言ずつで説明しなさいという問題です。

こんなときには、**対立の要素の一方をA、もう一方をB**と決めてしまいましょう。どちらがどちらでもよいのですが、ここでは、A＝メール、B＝電話ということにします。

棒線と波線の有効な使い分け

本文を読みながら、A＝メールについて説明している部分には、横に棒線――を引いてください。B＝電話について説明している部分には、波線〰〰を引いてください。

要点だけを押さえて一言（六〇字以内）にまとめるのですから、具体例や補足説明をしている箇所は不要です。第五章で要約の方法を解説する際にも説明しますが、具体例や補足説明など、説明文に当たる部分はカッコでくくってしまいましょう。

筆記用具を持っている人は、練習問題1の文章に実際に書き込んでみてください。メールについての説明の要点には棒線――がつき、電話についての説明には、波線〰〰がつきます。

この書き込みの方法は、今回の問題を解くときに限らず、ふだんから、少し丁寧《ていねい》に本や資料を読み込みたいと思うとき、ポイントを整理しながら読みたいと思うときに力を発揮します。棒線と波線を分けて書き込みをしておけば、あとから見直すときにも、ポイントがすぐに分かります。

ちなみに、こうした便利な書き込みの方法については、第四章のテクニック⑩「書き込みの効用を見きわめる」で詳しく解説します。

【書き込みの見本】

離れたところにいて、すぐに会いに行くことができない人に連絡を取りたいとき、電話を使うべきかメールを使うべきか、迷う場面が少なからずある。

メールの最大のメリットは、送り手にとっては、A①自分が思いついたとき、好きなときにいつでも発信でき、送った瞬間に相手のメールボックスに届く点にある。電話だとこうはいかない。相手が留守ならかけ直さなければならないし、よほどの急用でないかぎり深夜や早朝に連絡することは、はばかられる。A②受け手も、電話なら食事中だろうが会議中だろうが強制的に電話口に呼び出されるが、メールなら時間に余裕のあるときにメッセージを読むことができる。しかも、A③電話口で、または面と向かっては言いにくいことでも、メールだと伝えやすいという面もある。

一方で、電話にも捨てがたい魅力がある。メールは相手の都合次第でいつ読んでもらえるか分からないから、B①本当の急用の場合は電話に限る。また、B②電話ではお互いに相手の反応を聞きながら話を進めていくので、相談事などの場合、文字だけでは表現しきれない微妙なニュアンスまで伝えることができる。メールの言葉は、パソコンの画面上で整えてから発信するから、かえってとげとげしくなってしまい、そこから誤解が生じる場合が少なくない。電話なら、B③じかに声を聞くことでそうした誤解をある程度回避することができる。

このようにメールも電話も一長一短があるから、連絡手段としてどちらが優れているとは一概に言えないだろう。それぞれの長所・短所を理解したうえで、相手や場合によって使い分けていくしかなさそうである。

棒線――と波線〰〰を引いた場所を拾いながら、この文章に述べられたメールと電話の特徴について整理してみましょう。

A＝メールの長所は、

A①　自分が思いついたとき、好きなときにいつでも発信でき、送った瞬間にすぐに相手のメールボックスに届く

A②　受け手も、メールなら時間に余裕のあるときにメッセージを読むことができる

A③　電話口で、または面と向かっては言いにくいことでも、メールだと伝えやすい

B＝電話の長所は、

B①　本当の急用の場合は電話に限る

B②　電話ではお互いに相手の反応を聞きながら話を進めていくので、相談事などの場合、文字だけでは表現しきれない微妙なニュアンスまで伝えることができる

B③　じかに声を聞くことで誤解をある程度回避することができる

あとは、それぞれのポイントを使って六〇字以内でまとめてみます。

解答例

A　メールの長所は、送り手も受け手も好きなときに発信したり読んだりすることができ、口では言いにくいことを伝えやすい点である。（六〇字）

B 電話の長所は、急用の際すぐ相手と話ができ、微妙なニュアンスの伝達が可能なためメールにありがちな誤解を回避しうる点にある。（六〇字）

これらが、連絡手段としてのメールと電話の長所です。

もとの例文には、メールと電話、それぞれの短所も書かれていますが、メールの長所が裏返せば電話の短所であり、電話の長所は裏返せばメールの短所であるという関係になっていますから、とりあえず、メールと電話の長所が抜き出せれば、この文章全体のポイントはつかめたということになります。

ですから、右のAとBの答えを組み合わせれば、文章全体の要約ができあがることになります。仕事でも学校でも、文章を読んで、要するにどんなことを言っているのか一言で説明してほしい、と求められることがありますが、そんな場合、次のように説明してあげればいいでしょう。

要約

メールには、送り手も受け手も、好きなときに発信したり読んだりすることができ、口で

は言いにくいことを伝えやすいという長所があり、一方、電話には、急用の際すぐに相手と話ができ、微妙なニュアンスの伝達が可能なためメールにありがちな誤解を回避しうるという長所がある。

A対Bの対立の文章を読み進めていく際の基本は、文章がどんなに長くなっても変わりません。このように二つのものを対比させて論じている文章では、一方にA――、もう一方にはB〰〰を引いて整理していけば、すっきり理解できます。そうして線を引いた箇所をつなげていってやれば、文章の内容を短くまとめた要約ができるわけです。

対立の目印はこれ

ところで、どこに対立の論理展開が使われているかは、基本的には文章を読んで内容から判断しなければなりません。しかし、文章の内容が理解できているのなら、そもそも論理展開の方法を意識する必要はありません。読んでも分からないからこそ、論理の流れを知る必要があるのです。

そこで手がかりとなるのは、対立の論理展開をつくるためによく使われる言葉です。ここではそれを、対立の「**目印**」と呼ぶことにします。

この目印をヒントにすれば、内容は難しくて分からない部分もあるが、このあたりに対立の論理展開がなされていそうだ、などという判断が可能になります。そうしてつかんだ論理展開の大枠を手がかりに、内容の理解を進めていくことができます。

対立の目印には、次のようなものがあります。

▼対立の目印

しかし、ところが、だが、が、一方で・他方で、対照的に、反対に、～に対して、逆に　など

このような目印を知っていれば、文章を読むときだけではなく書くときにも便利です。

前に示した要約でも、「メールには……長所があり、一方、電話には……」という書き方をしました。この「一方」という表現は、もとの文章にもあるものですが、この表現を残すことで、前半と後半とが対比的に書かれていることを明確に示せるのです。

読解力テクニック② 並立を見きわめる

では、論理展開の三つの方法の二つ目、**並立**に移りましょう。

並立というのは、ある一つのテーマについて、「第一に……。第二に……。第三に……」というようにポイントを並べて論述していく方法です。

この論理展開は、講演などでもよく使われます。たとえば、校長先生が終業式で、「夏休みが始まる前に、みなさんに気をつけてほしいことが三つあります。一つは……」などと話し始めたら、その先生は並立の論理展開で話を進めようとしているわけです。

並立は、使う側にとって、非常に便利な方法です。一つのテーマをいくつかの部分に分けて、それぞれに関して詳しく論じていくことによって、話が漠然としたり、混乱したりするのを防ぐことができます。

実際、「ポイントは三つあります。第一に……」と話し始めると、それだけで、内容はともかくスマートで論理的に聞こえるから不思議です。

並立は丸数字でポイントを把握する

話を聞くほう、文章を読むほうにとっても、この並立の論理展開はありがたいものです。

「要点は三つだと言っていたから、話はあと三分の一残っているな」とか、「半分ぐらい終わったな」といったことが、イメージしやすいからです。

講演を聞きながらメモを取る場合も、ポイントごとに箇条書きにしていけばよいので楽ですし、印象にも残りやすくなります。

並立の論理展開で書かれた文章を読んでいく際には、本文に①、②、③のような丸数字を書き込み、それぞれのポイントのいちばん大事な部分に線を引きながら読んでいくといいでしょう。こうしておけば、後で読み直すときにも、要点が一目瞭然です。一つ例を挙げましょう。

練習問題3 次の文章を読んで、優秀なアスリートの持つ「精神力」とは何か、要点を「①……、②……、③……」という形でまとめてください。

優秀なアスリートは、優れた運動能力の持ち主であることは言うまでもないが、それと並んで、人並み外れて強靭《きょうじん》な精神力を持っているという共通点がある。

まずはモチベーションだ。目的・目標を定め、苦痛があろうともそれを成し遂げようとす意志と言ってもよい。そのために、最終的な目標へ向けて、日々、どのような練習をしなければならないのかを明確に意識する、計画的思考が不可欠である。肉体的な苦痛に抗《こう》しうるだけの目的意識の存在、それが優れたスポーツ選手が持つ精神力の基本である。

ただ、目的・目標が明確であっても、それを実現すること、試合に勝つことを意識しすぎれば、プレッシャーに押しつぶされかねない。この点に関して、プロスポーツやオリンピックなどで活躍している選手の口からよく聞かれるのは、「よいイメージを持つことの大切さ」である。試合で活躍した場面、勝ったときの情景や気持ちを事前に思い浮かべるイメージトレーニングという方法があるが、優れたアスリートは、プレッシャーに押しつぶされることなく前向きな気持ちで練習や競技に取り組める状態をつくるのが得意だと言えるだろう。この、よいイメージに支えられた楽観主義が、「精神力」の第二のポイントである。

そして第三に、体力や技術を本番に発揮するための集中力も欠かせない。いかに明確な目的意識やプレッシャーに負けない前向きな気持ちがあり、体力・技術があったとしても、それらを、うまく本番の一瞬に集中して発揮できなければ意味がない。この集中力というのは、考えようによっては、目的意識・計画的思考や、楽観主義などとは矛盾《むじゅん》しうる要請《ようせい》かもしれない。自らの目標・目的を見すえつつ、プレッシャーに押しつぶされない楽観的な精神状態を保ちながら、同時に、競技の一瞬一瞬に集中するという厳しい自己管理が求められるのである。

優れたスポーツ選手が持つ「精神力」の中身を、三点に分けて並立で述べた文章ですね。第二段落から第四段落まで三つの段落で、それぞれ一つずつ、ポイントが述べられています。

一つ目は、「まずはモチベーションだ」とある段落ですね。モチベーションとは、動機に裏づけられたやる気とか熱意という意味です。後にある、「目的・目標を定め、苦痛があろうともそれを成し遂げようとする意志」というのも同じ内容を詳しく表現したものと言えるでしょう。続けて、「最終的な目標へ向けて、日々、どのような練習をしなければならないのかを明確に意識する、計画的思考」などという言葉も見えます。これらを一まとめにしたものが、第一点目のポイントになるでしょう。

二つ目は、「ただ……」と始まっている段落ですね。「よいイメージを持つことの大切さ」、またその後の「プレッシャーに押しつぶされることなく前向きな気持ちで練習や競技に取り組める状態をつくる」など、いろいろな表現がありますが、一言でいえば、この段落の最後にある「よいイメージに支えられた楽観主義」ということになるでしょう。

三つ目は、前二つとは「矛盾しうる要請かもしれない」として挙げられている「集中力」。つまり、本番の一瞬に集中して自分の持っている力を発揮する能力です。一瞬に集中するという点から言えば、長期的な目標は何かとか、自らの競技人生におけるこの試合の位置づけはどんなものかといった計画的思考は、〝雑念〟になります。また競技の一瞬一瞬に集中しすぎると、楽に構えることができなくなる恐れもあります。それで、ここでは「矛盾しうる要請」と述べられているわけです。

では、練習問題の答えをまとめましょう。

解答例

優秀なアスリートの持つ「精神力」とは、

①目的・目標を定めそれを成し遂げようとする意志

②よいイメージに支えられた楽観主義

③集中力

並立の目印はこれ

さて、並立の論理展開は、ふつう次のような目印を使って表現されます。

▼並立の目印

～も、～や……、また、第一に・第二に・第三に……、まず・つぎに・さいごに、最初に・さらに　等《など》

しかし、「第一に……。第二に……。第三に……」というように、つねに目印がハッキリ出てくるとばかりは限りません。「①第一に……、②第二に……、③さらに……」といった変則的なパターンのほか、目印がなかったり、一部省略されたりすることもあります。

たとえば、練習問題3の場合も、第一に、第二に、第三に……ときれいに並んではいませんでした。①のポイントは、「まずは……」と始まる段落で示されていましたし、次の②に関しては、段落の初めに並立の目印すらなく、代わりに「ただ……」と始まり、段落の終わりの部分で、「第二のポイントである」と書かれています。

こんな場合は、内容から、何と何と何（と何……）が並立になっているのか見抜いていかなければなりません。明示されていない並立を見抜くことができ、それをもとに、並立を明示しながら文章を要約することができれば、その要約はもとの文章よりも格段に分かりやすくなっているはずです。

並立を使うとスマートな文章になる

この点に関しては、私自身も一つ経験があります。大学時代に、アルバイト先の会議で書記係をまかされたときのことです。当時は、国語や小論文の指導をしながら、この本に述べているテクニックを、自分なりに研究・整理しはじめていたころでした。

ある日、社長が従業員に対して行う訓示の要点を、業務日誌のようなノートにメモするよう指示されました。

社長の話は、「第一に……。第二に……。第三に……」と、明確に並立のかたちで展開されていたわけではなかったのですが、私は即座に、社長の話は三つのポイントが並立されているなと考え、ノートに「第一に……。第二に……。第三に……」と、社長が整然と語ったかのように、談話形式で訓示をまとめました。実際に社長が語ったとおりに書きとめるよりも、並立の論理展開で整理したほうが楽だったからです。

翌週の会議でそのメモを見た社長は、顔をほころばせて言いました。

「このメモは、私が話したかったことをきちんとまとめている。私の話よりも理路整然とまとまっているな」

思わぬお褒《ほ》めの言葉をいただいたのでした。

並立の論理展開は、要点を浮かび上がらせ、話をスッキリさせる効果があります。うまく使うと、論理的でスマートな雰囲気をかもし出すことができます。ただ、やりすぎるとイヤミになるので注意が必要ですが……。

読解力テクニック③同内容を見きわめる

論理展開の「三つの方法」の最後は、**同内容**です。

同内容というのは、一つのことを説明したり主張したりする際に、表現を変えながら繰り返し述べていく方法です。

たとえば、まず手短に一言でキーワードだけを述べ（A）、その後で同じ内容を、具体例を使って詳しく説明し（A'）、さらにもう一度同じ内容を短い表現でまとめる（A''）……といったやり方です。

いまA、A'、A"と書いたのは、同じ内容Aを、言葉を変えながら（A'、A"）表現しているという意味です。ですから、内容的には、**A＝A'＝A"……という関係**になります。

同じ内容なのであれば、一度だけ言えば済むような気もしますが、どうしてわざわざ同じ内容を繰り返し述べるのでしょうか。

それは、一度書いただけ、話しただけでは、読者が話を理解できない場合があるからです。筆者は、どうしても自分の言いたいことを分かってもらおうとしますから、かみくだいた表現で書きかえたり、具体例やたとえ話を使ったりして、自分の言いたいことを正確に分かってもらおうとします。詳しく述べた後は、もう一度、読者の記憶にしっかり残るような短い表現で締めくくったりもします。

これが、同じ内容を別の表現で繰り返し述べる同内容の論理展開です。

説明過剰の文章は読みとばす

小泉純一郎首相が、二〇〇一年の春に「自民党をぶっ壊す」と言って登場したとき、その歯切れのよさがもてはやされましたが、しだいに、そうした姿勢は、「ワンフレーズ・ポリティクス」（つまり「一言政治」）として批判されるようになりました。しかし、二〇〇五年の総選挙では、小泉さんは、「郵政民営化に賛成か、反対か」という単純明快な〝争点〟を打ち出して国民に支持を訴え、圧勝しました。

人目を引くフレーズをぶち上げるだけで、説明が不十分ではないか、という批判がありますが、ともかく、シンプルに述べるのは話を分かりやすくする効果があります。それが、度を越すと説明不足で伝わらないということにもなります。

世に出回っている難解な文章の多くは、小泉さんとは正反対です。

自分の主張を抽象的なキーワード一語で打ち出す（A）、次にそれを難しい具体例で言いかえる（A'）、さらにそれをたとえ話で言いかえる（A''）、それでも読者は理解してくれないのではないかと心配になって（?）、もう一度具体例を持ち出す（A'''）……といった具合です。

同内容の論理展開を意識できていないと、新しい話が次々に出てくるように感じられて混乱してしまいます。

ここで同内容の論理展開というものを意識しつつ読むことができると、文章が格段にスムーズに理解できるようになります。A＝A'＝A''＝A'''の関係をつかむことができ、要するに同じ内容を違う表現で繰り返しているのだな、ということが分かるわけです。

言いたいことが理解できさえすれば、具体例（A'）やたとえ話（A''）の部分は、読みとばしても問題ありません。そこで、同内容の論理展開を意識していると、読むスピードが格段にアップします。職場や学校で要点をまとめる宿題を課されている場合などは、複数ある同内容表現のうち、シンプルに分かりやすく書かれた部分だけをピックアップしてまとめればよく、作業が非常に楽になります。

ここで、同内容の論理展開に関して、一つ練習問題をやってみましょう。

練習問題4　傍線部「『知識のための知識』こそ科学の姿である」と同じ内容を述べている箇所を探し、すべて□で囲んでください。

一九世紀前半において、ようやく始まった科学研究から得られた成果が、社会の役に立つと主張できるような実例は、化学の世界を除いてはほとんど皆無であった。にも拘らず、すでに科学者たちは、研究から得られる知識が、「役に立つ」という価値を持っていることを、社会にアピールしようとしたのであった。

しかし、一方で科学者は、研究は自らの好奇心や真理探究心によるものであり、それは純粋に知的な活動であることを主張し続けたのである。「価値」という点からみれば、ちょうど一九世紀ヨーロッパに「芸術のための芸術」という考え方があったのと同じように、科学的知識には、それ自体に「内在的」な価値が備わっていて、したがって科学というのは、社会的に有用な価値を追求するのではなく、知識を追求することそれ自体が、人間にとって価値がある、という姿勢をとった。別の言い方をすれば、「知識のための知識」こそ科学の姿である、ということにもなる。

村上陽一郎『科学の現在を問う』（講談社現代新書）による

言いかえを上手に整理する

科学者というのは、ずいぶんしたたかな人たちなんですね。「科学は社会の役に立つから援助してくれ」とねだる一方で、「科学は、役に立とうが立つまいが、それ自体に価値があるのだから、役に立たなくても切り捨てないでほしい」というのですから。つまり、カネは出しても口は出さないでほしいという、ある意味で非常にムシのいい話です。

さて、文章の論理展開を見ていきましょう。傍線部のあるほうの段落（二つ目の段落）を検討します。

はじめに、「科学者は、研究は自らの好奇心や真理探究心によるものであり、それは純粋に知的な活動であることを主張し続けた」とある部分に注目してください。その直後で、「『価値』という点からみれば……」と言っているわけですから、「……」以下では、同じ内容を「価値」という言葉を使って言いかえているということになります。典型的な同内容表現です。言いかえた文は、「科学的知識には……知識を追求することそれ自体が、人間にとって価値がある、という姿勢を（科学者は）とった」となります。

この同じ内容をさらに一言で述べたのが、傍線部の「『知識のための知識』こそ科学の姿である」という表現です。

これを整理してみましょう。

科学者は、

「A　**研究は自らの好奇心や真理探究心によるものであり、それは純粋に知的な活動である**

＝言いかえ

A'（「価値」という点からみれば）科学的知識には、それ自体に内在的な価値が備わっていて、したがって科学というのは、社会的に有用な価値を追求するのではなく、知識を追求することそれ自体が、人間にとって価値がある

＝言いかえ

A''「知識のための知識」こそ科学の姿である」

と主張し続けてきた。

ちなみに、この文章は、二つ目の段落の先頭にある「しかし」をはさんで、前後で対立の論理展開になっています。そこで、次のように書き込みを入れると、論理展開がすっきり理解できます。大事な文章を細かく検討しながら読み進めるような場合は、ここにあるように、同内容表現を□や○で囲んで、イコール（＝）で結んでいくやり方が便利です。

解答例

一九世紀前半において、ようやく始まった科学研究から得られた成果が、社会の役に立つ

と主張できるような実例は、化学の世界を除いてはほとんど皆無であった。にも拘らず、すでに科学者たちは、研究から得られる知識が、「役に立つ」という価値を持っていることを、社会にアピールしようとしたのであった。

しかし、一方で科学者は、研究は自らの好奇心や真理探究心によるものであり、それは純粋に知的な活動であることを主張し続けたのである。「価値」という点からみれば、ちょうど一九世紀ヨーロッパに「芸術のための芸術」という考え方があったのと同じように、科学的知識には、それ自体に「内在的」な価値が備わっていて、したがって科学というのは、社会的に有用な価値を追求するのではなく、知識を追求することそれ自体が、人間にとって価値がある、という姿勢をとった。別の言い方をすれば、「知識のための知識」こそ科学の姿である、ということにもなる。

同内容の目印はこれ

このように、同じ内容の箇所を探していくことで、文章がスピーディーに理解できます。同じ内容を表現を変えて書いているだけなのですから、二つ以上ある同内容表現のうち、一ヵ所さえきちんと理解できれば、あとは読み流してもかまわないからです。

ただ、文章の内容が難しかったり、話が込み入ってきたりすると、そもそも、どことどこが同内容なのか分からないという場合があります。

そういうときは、次のような目印を参考にしてください。とくに目印が置かれていない場合も多くありますが、次のような目印がついている場合は、その前後で、明らかに同内容の論理展開がなされています。

▼同内容の目印

つまり、要するに、いわば、換言すると、言いかえると、すなわち、たとえば、〜のように　など

読解力テクニック④三方法の組み合わせを見きわめる

以上で「三つの方法」の説明は終わりです。

対立・並立・同内容は、文章を書く際の変化球のようなものです。筆者は、自分の言いた

いことが読者に効果的に伝わるように、二つのものを対立させたり、一つのテーマに関してポイントを並べたり、同じ内容を表現を変えて何度も言いかえたりといったワザを効かせるのです。

文章の中には、もちろん変化球を使わずに直球で書かれている部分もたくさんあります。直球で書かれている部分の論理展開を、ふつう「**順接**」と呼びます。

順接というのは、ある出来事を時系列に前から後ろに順に説明していくとか、前の文が根拠になって後ろの文の内容が導かれるというように、前から後ろに、自然に話が流れていく論理展開のことです。

この順接も加えれば、論理展開の方法は四つになります。それなのに、対立・並立・同内容の三つだけをとくに取り上げるのは、これら三つの方法が使われているところこそ、筆者がワザを効かせている部分であり、そこが文章を理解するときのカギになるからです。

順接は、いわば直球の部分で、素直に前から読み流していきやすい部分です。

重層的な文章構成

理解しておいていただきたいのは、**三つの論理展開の方法は、さまざまなレベルで組み合**

わされて使われるということです。

ある程度の長さの文章になれば、対立だけ、並立だけ、あるいは同内容だけで書かれていることは基本的にはなく、三つの方法が重層的に組み合わされて使われるのがふつうです。たとえば、全体としては「A対B」の対立の論理展開で書かれている文章でも、各段落を細かく見ていくと、その内部には、同内容表現の言いかえや並立が繰り返し出てくる、という具合です。あるいは、並立で書かれた①、②、③……という各ポイントの中に、対立や同内容の論理展開が含まれていることもあります。

このように、論理展開の三つの方法が多様に組み合わされることで、一つの文章が成り立っています。

論理展開の三つの方法を生かして読むということは、実際には、これら三つの方法の組み合わせを読み解いていくことです。次の文章を読んでみてください。

練習問題5　次の文章の要点を五〇字以内でまとめてください。

人間を研究対象に含めている場合には、「いったい人間の行動をみる場合、基本的にどれ

だけのことに注意しなければならないか」という、かなり一般的な問題がでてくる。それで人間行動の観察については、次の七つの着眼点が重要ではないかと思う。

第一は「類型的行動」である。人間の行動は、あるまとまりを持った単位に区切ることができる。すなわち、ひとまとまりの行動である。この単位的な行動は、これを類型的にまとめて表現することができる。たとえば、散歩、食事、出産、討論、恋愛、お祭り、農耕、戦争、など。そしてこういう類型化された行動に対して、当事者たちはさまざまの名前を与え、概念を用意している。それでこのような類型化された行動の名前とか概念とかについて、調査しなければならない。

第二は「状況」である。すなわち、その人間のその行動はどういう状況のもとでおこったか、どんな背景の中でおこったかということである。もっと細かくいえば、いつ、どこで、どんな事情とか原因から、などを含んでいる。

第三は「主体」である。「だれが」もしくは「なにが」ということである。第四は「対象」すなわち「誰を」あるいは「誰に」もしくは「なにを」あるいは「なにに」ということである。第五は「手段方法」。すなわち「いかなる手段方法によって」という点をあきらかにしなければならない。第六は「目的」である。すなわち「なんのために?」である。第七は

「結果」である。すなわち「その結果どういうことになったか?」ということである。和解する目的で話しあったが、結果は決裂であったなどということがあるから、目的と結果とはかならずしも一致しない。

一例をあげれば、「日本には、ジャンケンポンという優先順位のきめかたがある（類型的行動）。昨晩父親がみやげに大小二個のお菓子を持ち帰ったとき（状況）、太郎君は（主体）花子ちゃんに（対象）、片手を使って（手段方法）、ジャンケンポンに（勝つためにやって）勝った（目的）。そこで、大きいほうのお菓子をたべた（結果）」というようなものである。

川喜田二郎『発想法』（中公新書）による

現在にも生きるＫＪ法

この『発想法』は、カードを使って情報や知識を整理し、新しいアイデアを生み出す「**ＫＪ法**」を最初に提唱した本です。「ＫＪ」は、考案者の川喜田二郎氏の頭文字です。ＫＪ法は、会社や大学などでも広く使われているので、ご存じの方も多いと思います。

今日、本屋のビジネス書コーナーには、発想法や情報整理術の本が所狭しと並んでいます。しかし、記述の明快さと提案されている方法の実用性という点で、約四〇年前に出版された『発想法』を越えるものはなかなか出ていないように思います。

ここで筆者の川喜田さんは、人間の行動を調査・研究しようとする際に欠かしてはならない視点を整理しています。似たような観点に５Ｗ１Ｈ（いつＷＨＥＮ、どこでＷＨＥＲＥ、誰がＷＨＯ、なにをＷＨＡＴ、なぜＷＨＹ、どのようにＨＯＷ）というのがありますが、「類型的行動」や「結果」などの項目が加わっているのが、このリストの独自なところです。

出張や調査でレポートを書かねばならないとき、報告すべき項目に漏れがないかチェックするのに使えそうですね。

並立をつかんで要約する

本の内容についての話はこれぐらいにして、文章の論理展開を検討していきましょう。

最初の段落で、筆者は「人間行動の観察については、次の七つの着眼点が重要ではないか」と述べます。

次の段落以降で、七つの着眼点を説明していきますが、これは典型的な「並立」の論理展開です。このうち、第一のポイントである「類型的行動」は読者になじみの薄い言葉だと、筆者は考えたのでしょう。「すなわち」「たとえば」などの目印を使って、同内容で言いかえられています。つまり、並立のポイントの内部で、同内容の論理展開がなされているわけです。

さらに、最後の段落（第五段落）は、以上七つの着眼点すべてをカバーする具体例となっています。

全体としてみると次のようなつくりになっています（¶1〜¶5は段落番号です）。

¶1　人間行動の観察には、七つの着眼点が重要である
　　←順接
¶2〜4　七つの着眼点の説明（①〜⑦並立）
　　＝同内容（言いかえ）
¶5　七つの着眼点全体をカバーする具体例

本文の要点は、人間行動の観察には七つの着眼点が重要であり、そして、その着眼点とは、①類型的行動、②状況、③主体、④対象、⑤手段方法、⑥目的、⑦結果である――ということになります。

解答例
人間行動の観察には、類型的行動、状況、主体、対象、手段方法、目的、結果という七つの着眼点が重要だ。（四九字）

約八五〇字もある文章を、五〇字以内にまとめることができました。

長文の資料を読んで、その内容を会議やゼミなどで報告する場合にも、この要領でやればいいのです。

たとえば、報告を聞く上司は、忙しいのでポイントだけを手っ取り早く知りたいと思っています。そこで、まずは、並立で書かれている項目の要点・キーワードだけを簡単に紹介します。そのうえで、相手の反応を見ながら、必要な項目についてはもう少し詳しく説明を加えればよいのです。

第四章　読解力をさらに鍛える技術

読解力テクニック⑤ 接続語を見きわめる

前の章では、論理的に読む力の基本として、対立・並立・同内容という論理展開の三つの方法を解説しました。

実際の文章は、これら三つの方法を同時に使って書かれていることが多いので、これらの組み合わせを読み解いていく必要があることも述べました。これで、みなさんは、込み入った文章でも正確にスピーディーに読み解いていくための基礎を手に入れたことになります。

前の章では、対立・並立・同内容それぞれの論理展開をつくる「目印」も紹介しました。これらの「目印」の中には、多くの**接続語**が含まれています。

接続語というのは、文と文、または語句と語句を結びつけ、相互の論理的関係を明らかにする語句です。

たとえば、対立の目印として紹介した「しかし」「ところが」「だが」「が」などは、**逆接**の接続語です。また、同内容の目印として挙げた「つまり」「要するに」「いわば」「換言すると」「言いかえると」「すなわち」などは**同格**の接続語、同じく同内容の目印である「たとえば」は**例示**の接続語です。

日常会話でも、私たちは多くの接続語を使って話していますが、会話では、かなりルーズな使い方をされることが多いようです。たとえば、前後で対立する内容を述べていて、本来は「しかし」「ところが」など逆接の接続語を使わなければならないところに、「つまり」とか「また」など、同格や並立の接続語を使ってしまうようなことが多々あります。

会話の場合は、そうした不正確な使い方をしていても、雰囲気で意味が通じてしまうことが多いのですが、書き言葉の場合はそうはいきません。

接続語で書く力もアップ

接続語は、文章を論理的に読むカギです。前後の文の関係が、逆接なのか、順接なのか、同格なのか、それとも並立なのか。それを曖昧《あいまい》にしたままでは、文章を正確に読み解くことはできません。

接続語をマスターすれば、文章がどういう流れになっているのか、的確につかむことができます。

それだけではありません。接続語の働きを正しく理解していれば、自分で書く際にも、論理的で説得力のある文章を展開できます。接続語のない文章、あるいは接続語が正確に用いられていない文章は、非論理的でだらしなく見えます。レポートや意見文、論文などを書くときには、できたら論理的で整った雰囲気を出したいですね。そんなときには、接続語をうまく活用しましょう。
接続語を的確に使えば、内容が正確に読み手に伝わるだけでなく、論理的で引き締まった印象を与えることができます。

接続語の練習問題

では、接続語の働きや使い方についての知識を練習問題で確かめてみましょう。

練習問題6　次の六つの文を、適当に順番を入れかえながら、後に挙げる接続語をすべて使ってつなぎ合わせてください。それぞれの文の文末表現は、文章の流れに合うように調整してもかまいません。

a．逆説とは、ふつうに考えると矛盾《むじゅん》しているが、よくよく考えてみると真理を言い当てている、そんな説である。

b．「タダほど高いものはなし」は、タダ（無料）なのだから本当は高いはずはなく、一見するとおかしな話である。

c．「急がば回れ」も同様に逆説であると考えてよい。

d．正当な対価を支払わずに何かを手に入れると、後で余計な出費を求められるなど、結局高くつくことが往々にしてある。

e．逆説とは、「一見すると誤りだがよく考えると本当である説」のことであるが、その例は、ことわざに多く見出《みいだ》すことができる。

f．よく考えると、これは筋が通っている。


しかし、また、要するに、たとえば、なぜなら

ここでは、「しかし」「また」「要するに」「たとえば」「なぜなら」の五つの接続語が挙がっています。まずは、それぞれがどんな働きをする接続語なのか確認したうえで、問題の答え合わせに進みましょう。

主な接続語とその働き

接続語には、対立・並立・同内容をつくるもの以外にも、いくつかの種類があります。以下に、主な接続語とその働きを整理しておきましょう。

分類については、もっと細かく分けるやり方もありますが、日本語を論理的に読み書きするという目的のためには、この二分類で十分です。

▼主な接続語とその働き

ア．対立系（対立の論理展開をつくるもの）

①**逆接**……しかし、けれども、が、だが、ところが、にもかかわらず 等《など》

=反対の内容を導く

②**比較**……むしろ

=前後の内容を比較する（AよりもむしろB）

③**限定**……ただ、ただし、もっとも、なお 等《など》

＝条件や例外を示す（Aである。ただし、Bである）

イ．並立系（並立の論理展開をつくるもの）

④**並立**……また、かつ、同様に、ならびに、および　など

＝前後の内容を対等に並べる

⑤**選択**……または、あるいは、もしくは　など

＝前後の内容を対等に並べ、そのいずれを選んでもよいことを示す

ウ．同内容系（同内容の論理展開をつくるもの）

⑥**同格**……つまり、要するに、換言すれば、すなわち、言いかえると　など

＝前後が同内容であることを示す

⑦**例示・比喩《ひゆ》**……たとえば、例を挙げると、いわば　など

＝具体例や比喩で説明する

エ．順接系（順接の論理展開をつくるもの）

⑧順接……そして、そこで、そうして、それから など

＝前の内容を受けてそのまま後へつなぐ

⑨結果順接……したがって、ゆえに、だから、そこで、それで、それゆえ など

＝結果や結論を導く

⑩添加……さらに、そのうえ、しかも、のみならず、そのほか など

＝新たな内容を付け加える

オ．その他

⑪転換……さて、ところで、では、そもそも、ときに、いったい など

＝話題を変える

⑫理由……なぜなら、というのは など

＝前に述べた内容について、理由や根拠を示す

ここでは、全体を大きく五つに分類しました。

ア～エまでは、対立・並立・同内容、それに順接を加えた論理展開の四方法に対応してい

ます。大まかに、**対立系・並立系・同内容系・順接系**と整理したうえで、それぞれの系統を細かく分類してあります。

これら四個の分類になじまないものは、オの「その他」に挙げました。

⑪**転換**というのは、前の部分までとは話ががらりと変わる場合に使う接続語です。前後がどれぐらい断絶しているかは場合によりますが、基本的に話をいったん切って、次の話題に進むということなので、対立・並立・同内容・順接といった論理的関係とは別のものとして扱っています。

⑫**理由**は、先に結論・結果を示し、その後から理由を述べる場合に使います。つまり、「結論→理由」の流れになります。「理由→結論」という流れになる⑨結果順接のちょうど反対です。

接続語は適度に省く

そこで練習問題の答えを確認しましょう。

分かりやすいところから組み合わせていきましょう。まず、b「『タダほど高いものはなし』は……一見するとおかしな話である」と、f「よく考えると、これは筋が通っている」

は正反対の内容です。

↓「b。しかしf」

さらに、f「……筋が通っている」理由を示しているのが、d「正当な対価を支払わずに何かを手に入れると……結局高くつくことが往々にしてある」の文でしょう。

↓「b。しかしf。なぜならdだから」

さらに、これら「タダほど高いものはなし」についての話は、すべて、eに対応した具体例だと考えられます。

↓「e。たとえばb。しかしf。なぜならdだから」

c「『急がば回れ』も……」は、もう一個同じ具体例を追加していると考えられます。この際、「急がば回れ」と「タダほど高いものはなし」は、逆説のことわざの例としてまったく対等なものであり、これら対等なものを並べるわけですから、間に入る接続語は並立（また）になります。そして、a「逆説とは……」で、そこまで具体例を使って説明した話を、再度抽象的に言いかえます。

↓「e。たとえばb。しかしf。なぜならdだから。またc。要するにa。」

正解

逆説とは、「一見すると誤りだがよく考えると本当である説」のことであるが、その例は、ことわざに多く見出すことができる。【たとえば】「タダほど高いものはなし」は、タダ（無料）なのだから本当は高いはずはなく、一見するとおかしな話である。【しかし】よく考えると、これは筋が通っている。【なぜなら】正当な対価を支払わずに何かを手に入れると、後で余計な出費を求められるなど、結局高くつくことが往々にしてあるからだ。【また】「急がば回れ」も同様に逆説であると考えてよい。【要するに】逆説とは、ふつうに考えると矛盾しているが、よくよく考えてみると真理を言い当てている、そんな説である。

これだけ短い文章の中に、接続語が五回も出てくるというのは、実際にはちょっと多すぎますね。論理的なのを通り越して、かえってぎこちなく読みにくく感じられてしまうでしょう。そこで、ふつうは以下のように、接続語を適度に省《はぶ》いた書き方のほうが読みやすいものです。

逆説とは、「一見すると誤りだがよく考えると本当である説」のことであるが、その例

は、ことわざに多く見出すことができる。【たとえば】「タダほど高いものはなし」は、タダ（無料）なのだから本当は高いはずはなく、一見するとおかしな話である。【しかし】よく考えると、これは筋が通っている。正当な対価を支払わずに何かを手に入れると、後で余計な出費を求められるなど、結局高くつくことが往々にしてあるからだ。「急がば回れ」も同様に逆説であると考えてよい。逆説とは、ふつうに考えると矛盾しているが、よくよく考えてみると真理を言い当てている、そんな説である。

読解力とは「逆説」を読み解く力

ここで、接続語の話とは別に、頭に入れておいてほしいのは、練習問題に出てきた「**逆説**」という言葉の説明です。接続語の「逆接」ではなくて、逆説です。逆説とは、ここにもあるとおり、「一見すると誤りだがよく考えると本当である説」です。

じつは、私たちが難しいと感じる文章の多くは、この逆説を多用することで成り立っています。

雑誌の論説にしても本にしても、誰がみても当然に正しい説というのは、改めて主張するまでもなく、とりたてて文章にする必要もありません。一見すると「ウソなんじゃないか」と思われるような主張を示し、それがじつは道理にかなっているのだということを示す―これが多くの筆者のやり方です。こういった逆説を含む文章は、常識にしばられたままで読んでいると、なかなか理解できません。

読解力というのは、かなりの部分で、逆説を読み解く力と言っていいかもしれません。

接続詞と接続語

ここまで、接続語という言葉をなにげなく使ってきました。しかし、この接続語という用語を聞き慣れないと感じた人もいるかもしれません。接続詞のほうがしっくりくると感じる人が多いかもしれません。

接続詞というのは、日本語の単語を一一種類（代名詞を名詞に含めれば一〇種類）に品詞分類する際の種類の一つです。名詞、動詞、形容詞、形容動詞、連体詞、助動詞、助詞などと並んで、接続詞は品詞の一種です。

一方、接続語とは、少し前に述べたように、「文と文、または語句と語句を結びつけ、相互の論理的関係を明らかにする語句」です。よく考えてみれば分かることですが、こういう働きをする語句は、単語としての接続詞に限りません。

例を挙げましょう。「つまり」は多くの辞書において、副詞として分類されていますが、同格の接続語として働きます。また、「換言すれば」も同様に同格の接続語ですが、「換言すれ＋ば」で品詞としては「動詞＋助詞」です。これは、複数の単語からなる句なのです。

要するに、接続詞だけでなく、副詞や助詞、さらには複数の単語からなる句にも、接続語としての働きを持つものがあるということです。文章の内容や論理展開を理解するうえでは、接続詞にだけ注目しているのでは不十分であり、接続語として働く語句に幅広く目を配っておく必要があるのです。

読解力テクニック⑥　譲歩を見きわめる

論理展開の「三つの方法」の一つ、対立の論理展開は、二つの異なるものを対比させながら説明・議論するやり方ですが、この方法は、自分の意見を引き立たせるためによく使われます。

自分がBという意見を主張したいときに、賢い書き手は、ストレートにBを述べること（直球勝負）はしません。その意見が独創的で興味深いものであればなおさらです。ほかの人が考えないような意見をいきなり持ち出しても、反発されるだけだからです。
　こんなときどうするかと言えば、自分の意見Bを主張する前に、まずはその反対の主張や常識的な意見（ここではAとします）を紹介するという手がよく使われます。これを**譲歩**といいます。

練習問題7　筆者の主張を四〇字以内でまとめてください。

　社会に未来がないと若者はいう。たしかに成長、発展という未来を想像することは、若者にとってむずかしい。
　しかし、社会には成熟という未来はある。日本のサッカーが世界のトップレベルになるには、もっとマリーシャが必要だという。マリーシャとはポルトガル語やスペイン語で「ずるがしこい」ということだ。それは同時に「したたか」ということでもある。若者も、もっとしたたかさを身につけることで、もっと強くなり、過去の世代より成熟できる未来があるはずだ。

玄田有史『仕事のなかの曖昧な不安』（中央公論新社）による

「しかし」以下に注目してください。その後が、筆者の主張です。
「社会には成熟という未来はある」と言い、マリーシャというポルトガル語・スペイン語の単語を引き合いに出し、「若者も、もっとしたたかさを身につけることで……過去の世代より成熟できる未来があるはずだ」と主張しています。未来に希望を持って頑張ろうと励《はげ》ましているわけです。

けれど、もしそんな楽観的な主張だけを述べたとしたら、若者は耳を傾《かたむ》けてくれないでしょう。「そうは言ったって、仕事がないんだ」と。

そこでその前に、若者の意見をいったん取り入れて、それを認めるわけです。
「社会に未来がないと若者はいう。たしかに成長、発展という未来を想像することは、若者にとってむずかしい」というのが、それです。

ここで大事な役目を果たしているのが、「たしかに」という言葉です。譲歩の論理展開をつくる副詞です。ここでは「**譲歩の副詞**」と呼ぶことにしましょう。譲歩の副詞としては、ほかに「なるほど」「もちろん」などがあります。

譲歩は対立の一種

反対意見Aを紹介したうえで、それと対比させるかたちで自分の意見Bを展開する。ここでは反対意見Aと自分の意見Bとが逆接の接続語（「しかし」など）をはさんで対立しています。譲歩は、対立の論理展開の一種なのです。

だから、練習問題の答えとしては、筆者の主張が書かれている「しかし」以降の内容を四〇字以内でまとめればよい、ということになります。サッカーとか、マリーシャとかの話は、「したたかさ」を持ち出すためのマクラのようなものであり、あくまでも補足説明だから、大事な部分は「社会には成熟という未来はある」「若者も、もっとしたたかさを身につけることで……未来があるはずだ」の二ヵ所だけだ、ということです。

これを四〇字にまとめると、次のようになります。

解答例

若者もしたたかさを身につけることで、過去の世代より成熟できる未来を持てるはずだ。

ここで、譲歩の論理展開について整理しておきましょう。

▼譲歩の論理展開

譲歩の副詞＋｛A＝予想される反対意見や常識的な見解、多数意見など｝＋逆接の接続語＋｛B＝筆者の主張｝

※譲歩の副詞＝たしかに、もちろん、なるほど　など

※逆接の接続語＝しかし、けれども、が、だが、ところが、にもかかわらず　など

譲歩の副詞がないまま反対意見などが紹介される場合がときどきありますが、その場合でも、逆接の接続語が省略されることはめったにありません。つまり、「しかし」や「だが」「けれども」など逆接の接続語は、その直後から、筆者が本気で自分の主張を展開しはじめ

るサインになる可能性が高いのです。

なぜ書き手は「譲歩」するのか

譲歩の論理展開は、新聞や雑誌の社説や評論など、何かの意見を主張する文章には、本当にしばしば登場します。社説や評論の筆者は、いきなり自分の主張を述べるのではなく、その前に、反対意見や自分の意見とは異なる常識や多数意見を紹介するわけです。

どうしてこんなことをするのでしょうか。

一つには、自分の主張がすぐれていることを、反対の意見や常識的な見方、多数意見と対比することで明らかにする、という狙いがあります。

何かの文章、とくに自分の意見を主張する文章を書く人は、「自分の考えはほかの本などで書かれている意見とは一味違うのだ」と自負しています。客観的に見るとそれほど独創的な話ではなくても、書いている本人は、これまでの意見や議論に満足できないから、自分が意見を述べるのだ、という気でいます。

そんなときに、自分の意見の目新しさを示す最も手っ取り早い方法は、すでに出されている意見と対比することです。

「たしかに、これまで多くの人は……と信じてきたかもしれない。しかし、本当は～なのだ」と。

もう一つ、譲歩の論理展開には、あらかじめ反論を封じておくという効果があります。自分の意見に対しては、いろいろな反対意見がありうることは承知しているが、それでもあえて主張するのだ、というわけです。

新聞の社説から、いくつか例を拾ってみましょう。

もちろん、(イラクの)暫定政府は米英軍の支援なしに自立できる状況ではない。多国籍軍への攻撃は続き、アラウィ首相自身も標的にあげられている。しかし、治安が改善されないからといって、外国軍の駐留の姿が変わらなければ、イラクの人々は主権移譲の意義を実感できまい。反米勢力に共感する人も減らないだろう。

「朝日新聞」二〇〇四年六月二九日付社説

※外国軍駐留の見直しを主張する前に、「もちろん……」と、治安の悪さ、米英軍の支援の必要性に理解を示す。

◇

たしかに海外には第一子から月額二万円もの児童手当を出すドイツなど、手厚い制度を持つ国もある。だが、手当の出生促進効果について専門家の評価はまちまちで、手当を増やすと合計特殊出生率を上昇させるという研究がある一方、手当に効果無しとの分析も多い。

「日本経済新聞」二〇〇三年一二月二〇日付社説

※児童手当が充実しているドイツの事例をふまえたうえで、それでもなお、児童手当の拡充に疑問を投げかける。

譲歩を使えば議論にも強くなる

こうした譲歩の使い方は、日常の会話の中にもよく出てきます。あまり意識していないかもしれませんが、私たちは、ふだんからよく譲歩の構文を使っています。

たとえば、テストの出来が悪かった生徒が、先生に「お願いだから不合格にしないでくれ」と頼むとき。

「たしかに、点数はよくなかったかもしれません。テストの点数が大事なのは分かっています。でも、僕は授業にも欠席せず、宿題も毎回提出しました。テスト前にも一生懸命勉強しました。そこを評価してもらえませんか」

いきなり、「欠席もせず宿題も欠かさず、テスト前に一生懸命勉強したから、評価してくれ」とだけ頼んだら、先生から、「成績評価はテストの得点で決めると伝えてあったはずだ」と言われるに決まっています。そこで、「テストの点数が大事なのは分かっている」と、先回りして先生の主張を認めるのです。

この譲歩の構文を意識しておくと、人の話を聞いたり、誰かと議論をしたりするときに役立ちます。

たとえば、利害の対立する相手と議論をするとき。相手が自分の意見と近いことを話しているのを聞いて安心してはいけません。相手は譲歩しているのです。

そんなときは、耳を澄ませて逆接の接続語が出てくるのを待ちます。「が、だが、しかし、けれども」などが出てきたら、そこから相手は自分の意見を主張しはじめます。**逆接の接続語のあとから自分の主張が始まる。**これは、ほぼ絶対のルールです。

読解力テクニック⑦ キーワードの定義を見きわめる

文章を読んでいて、話が頭に入ってこないとか、よく分からないといった場合、じつは文中で使われている言葉の意味が分かっていない場合が意外と多いものです。

言葉の**定義**をつかむことは、読む力の大切な要素です。

定義が重要だと言っても、文章中に出てくるすべての言葉について、その定義を厳密に理解する必要があるわけではありません。おもに定義に気をつけるべきは、**キーワード**です。

キーワードとは、その名のとおり本文の鍵となる重要な言葉のことです。本文のテーマを一言で表現している言葉や、テーマについて記述したり説明したりするときに、その枠組みとなるような言葉です。

何がキーワードであるかを知ること自体、読解力が必要ですが、文章のテーマを直接表現する言葉、あるいはテーマと密接に関わる言葉で、文中に繰り返し出てくるものは、間違いなくキーワードだと言えます。ある程度以上の長さの文章であれば、一つの文章に複数のキーワードがあるのが普通です。

言葉の意味が分からなければ辞書を引けばいいのですが、問題は、辞書に載っていない造語や、辞書には載っているが筆者が自分で独自の意味を与えている言葉です。難解な文章、ややこしい文章には、往々にして、そうした独自のキーワードが使われています。

このように、キーワードが一般的な意味とは違う意味で使われているような場合、勝手な思い込みや常識的な判断で読み進めていってしまうと、話が理解できなくなる場合があります。

一つの例として、練習問題をやってみましょう。

練習問題8　筆者は「貧困」をどのように定義しているか、次のような形でシンプルにまとめてください。

「貧困とは……である。」

中国南部の少数部族ヤオ（瑶）族の族支、巴馬瑶族の人たちの暮らす村々は、百歳をこえて元気な人たちの多い地域として知られるが、調査の対象となった百五歳の男性は、長生きの原因は「悩みがないこと」だろうと言っている。県の「老齢委員会」は長寿の原因を、「①温暖な気候と汚染のない空気、②食物が自然のもので、低脂肪、高栄養価であること、③長年の畑仕事で体がきたえられ、飲酒、喫煙率が少ない」ことを挙げている〔中略〕。長寿が幸福とは限らないが、九十歳代くらいまでは元気で「悩みがない」ということは、よい人生だろうと想像する方が素直だろう。この巴馬瑶族の地域の一人あたり平均年収は四八〇〇円（一九九五年）で、一日あたり〇・一三ドルくらいである。

　アメリカの原住民のいくつかの社会の中にも、それぞれにちがったかたちの、静かで美しく、豊かな日々があった。彼らが住み、あるいは自由に移動していた自然の空間から切り離され、共同体を解体された時に、彼らは新しく不幸となり、貧困になった。経済学の測定する「所得」の量は、このとき以前よりは多くなっていたはずである。貧困は、金銭をもたないことにあるのではない。金銭を必要とする生活の形式の中で、金銭をもたないことにある。貨幣からの疎外の以前に、貨幣への疎外がある。この二重の疎外が、貧困の概念である。


見田宗介『現代社会の理論』（岩波新書）による

「常識」という思い込み

常識的に考えれば、貧困とは「金銭をもっていないこと」でしょう。

しかし、第一段落に出てくる中国の少数部族の具体例を読むと、その「常識」が思い込みでしかないことに気づきます。一人あたり年収四八〇〇円で、元気に悩みがなく幸福な人生を送っている人たちがいる、というのです。

次の段落では、貧困は、金銭をもたないことにあるのではない、とハッキリ書かれています。私たちの常識は、完全に否定されるわけです。

では、いったい貧困とは何なのか。

貧困とは「金銭を必要とする生活の形式の中で、金銭をもたないこと」だと筆者は言っています。中国の巴馬瑶族の生活は、おそらく自給自足に近いものなのでしょう。つまりは、「金銭を必要とする生活の形式」の中に暮らしていないということです。

金銭を必要としない以上、貧困ではありえないという話です。

筆者は、「貨幣への疎外」がまず先にあって、その後「貨幣からの疎外」がある、とも言っています。疎外というのは「よそよそしくされること、遠ざけられること」。だから「貨幣からの疎外」というのは、要するにお金がないことです。

しかしその前に、「貨幣への疎外」があると言うのです。自然の空間や共同体から疎外され（自然や共同体を奪われ）、貨幣が必要な世界に投げ込まれること、それを指して筆者は、「貨幣への疎外」と言っているのです。

先入観を排除して読む

きちんと説明を聞けば、なるほどそのとおりと納得できる話です。つまり、「貧困は、金銭をもたないことにあるのではない」という筆者の主張は、典型的な逆説（一見すると誤りだが、よく考えると正しい説）になっています。

この文章を、前後の部分も合わせて高校生に読ませ、同じような問題を出すと、驚くほど出来がよくありません。「貧困＝金銭をもたないこと」と勝手に思い込んで文章を読んでいるのがその原因です。

「金銭を必要とする生活の形式」にどっぷりつかっている私たちにとって、金銭を必要としない生活を想像するのは困難だ、ということです。

自分の先入観や思い込みを排除して正確に読むためにも、筆者が本文中のキーワードをどのように定義しているか、気を配ることが有効なのです。

解答例

貧困とは、金銭を必要とする生活の形式の中で、金銭をもたないことである。

読解力テクニック⑧　理由を見きわめる

日常会話においては、根拠もハッキリ述べずに何かを主張することはよくありますが、書き言葉、それも何らかの意見や主張を述べるような文章では、主張には必ず**理由**がともないます。

理由がきちんと示されていない文章があれば、その文章で主張されている内容は疑わしいということになります。

文章を読んでいて、「筆者のこの意見には反対だ」とか「納得できない」といった感想を持つことがあるでしょう。そんなときには、どんな理由で筆者がそれを主張しているのか、確かめてみてください。「なぜ、そう言えるのか？」と、問いかけながら読み進めるのです。

理由がきちんと示されている文章であれば、どのような根拠でその主張が出てきたのかが分かります。理由に注目することで、文章を感覚的にではなく、論理的に緻密《ちみつ》に理解することができます。

この方法は、口頭で議論をするときにも有効です。相手の主張に納得できないと思ったら、まずは「なぜですか」と尋ねてみるのです。相手の主張がまともなものならば、理由の説明が返ってくるでしょうし、いい加減な主張の場合はちゃんとした答えは返ってこない。そんな場合は、その点をさらに突っ込んで尋ねていきます。

では、ここで練習問題です。以下の文章は、練習問題8の文章の続きです。読んで設問に答えてください。

練習問題9　傍線部「原理的には誤っている」のはなぜか、七〇字以内で説明してください。

貨幣を媒介としてしか豊かさを手に入れることのできない生活の形式の中に人びとが投げ込まれる時、つまり人びとの生がその中に根を下ろしてきた自然を解体し、共同体を解体し、あるいは自然から引き離され、共同体から引き離される時、貨幣が人びとと自然の果実や他者の仕事の成果とを媒介する唯一の方法となり、「所得」が人びとの豊かさと貧困、幸福と不幸の尺度として立ち現れる。〔中略〕

人はこのことを一般論としてはただちに認めるだけでなく、「あたりまえ」のことだとさえいうかもしれない。けれども「南の貧困」や南の「開発」を語る多くの言説は、実際上、この「あたりまえのこと」を理論の基礎として立脚していないので、認識として的を失するだけでなく、政策としても方向を過つものとなる。

一日に一ドル以下しか所得のない人が世界中に一二億人もいて、七五セント以下の「極貧層」さえ六億三〇〇〇万人もいるというような言説は、善い意図からされることが多いし、当面はよりよい政策の方に力を与えることもできるが、原理的には誤っているし、長期的には不幸を増大するような、開発主義的な政策を基礎づけてしまうことになるだろう。

前出『現代社会の理論』による

ありがちな誤答

この問題は、埼玉大学の国語の入試問題（一九九九年）に、少し手を加えたものです。これを高校生に解いてもらうと、傍線部の直後の部分を選んで、「長期的に不幸を増大するような開発主義的な政策を基礎づけてしまうから」とする人が多くいます。みなさんの中にも、これが答えだと思った人はいませんか。非常にありがちな答えなのですが、残念ながら間違いです。

たしかに、この答えはそれなりに筋が通っています。「不幸を増大するような政策」を基礎づけてしまう、だから「原理的には誤っている」と。

しかし、この文章は、そのような論理展開にはなっていません。詳しくは以下の説明を読んでください。自分の先入観や思い込みで、勝手に文章の筋道を変えてしまってはいけません。

主張の中に必ず存在する「理由」をつきとめる

まずは、何が「原理的には誤っている」のか、主語を確認しましょう。

文をさかのぼっていくと、「一日に一ドル以下しか……というような言説は」という主語が見つかります。所得が少ない人、つまり金銭を持っていない人は貧困であるという言説(＝主張)は誤っていると、筆者は言っているわけです。

では、なぜそのような主張は誤りなのか。直前の段落を丁寧《ていねい》に読んでいくと、理由が見つかります。

「『南の貧困』や南の『開発』を語る多くの言説は、実際上、この『あたりまえのこと』を理論の基礎として立脚していないので、認識として的を失するだけでなく、政策としても方向を過つものとなる」

とある部分に注目してください。「『南の貧困』や南の『開発』を語る多くの言説」というのは、まさに「金銭をもっていない人は貧困である」という主張のことです。

そういう主張・言説は「あたりまえのこと」に立脚していないので、①認識として的を失する、②政策としても方向を過つ―というのです。

①と②は並立になっていますので、単純化すると次のようになります。

理由：この「あたりまえのこと」に立脚していないので

↓

結果①：認識として誤りである。（理論的に誤り）
結果②：実際の政策上も誤りを引き起こす。（実際上も誤り）

このうち、結果①の「認識として誤りである」というのは、傍線部の「原理的には誤っている」と同内容ですね。実際上は別にしても、認識として、理論的に間違っているよ、という話です。一方、結果②のほうは、傍線部の直後、「長期的には不幸を増大するような、開発主義的な政策を基礎づけてしまうことになる」というのと同内容です。

ということは、傍線部の理由も、やはり、「この『あたりまえのこと』に立脚していないので」と考えてよいでしょう。

これで最初に紹介した解答が、なぜ不正解なのかよく理解できるでしょう。「長期的には不幸を増大するような開発主義的な政策を基礎づけてしまうから」というのは、結果①（傍線部）の理由ではなく、共通の理由から導かれるもう一つの結果（＝結果②）なのです。

論理展開の三つの方法を意識することで、文章の流れを正確に理解できるという、非常によい例です。

残る問題は、「この『あたりまえのこと』」という指示語の指すものです。それは、その前の段落すべてと考えてよいでしょう。長くなりますが、再度、引用しておきます。

「貨幣を媒介としてしか豊かさを手に入れることのできない生活の形式の中に人びとが投げ込まれる時、つまり人びとの生がその中に根を下ろしてきた自然を解体し、共同体を解体し、あるいは自然から引き離され、共同体から引き離される時、貨幣が人びとと自然の果実や他者の仕事の成果とを媒介する唯一の方法となり、『所得』が人びとの豊かさと貧困、幸福と不幸の尺度として立ち現れる。」(＝この「あたりまえのこと」)

要するに、この「あたりまえのこと」とは、貨幣が必要な生活の中に投げ込まれることで、初めて貧困が生まれるということです。練習問題8で確認した「貧困」の定義と同じ話でした。金銭を持っていない人は貧困であるという主張は、その「あたりまえのこと」を踏まえていない、だから「原理的に誤っている」というわけです。

解答例

南の貧困や開発を語る言説は、「貨幣の必要な生活の中へ投げ込まれることで、初めて貧

困が生まれる」というあたりまえのことを踏まえていないから。（六九字）

読解力テクニック⑨ 指示語の内容を見きわめる

文章の内容が込み入ってきて分かりにくいとき、**指示語**の指しているものが何であるかを意識すると、内容が正確に理解できることがあります。指示語というのは、「それ」とか「その〜」「これ」「この〜」「こうした〜」「このように」などの言葉です。

文章を読んでいて分かりにくいなと感じたときには、指示語が何を指しているのか意識しながら読み進んでいく必要があります。

直前の練習問題9の文章を思い出してください。理由がつかめるかどうかの一つのカギは、「この『あたりまえのこと』」という指示語の内容を正確に把握できているかどうかという点にありました。

指示語の原則と例外

「その〜」「これ」「この〜」「こうした〜」「このように」などが指しているものは、原則として直前にあります。ほとんどの場合、同じ文（センテンス）の中の直前の語句か、一つ前の文の全体か一部を指しています。

しかし、以下のような例外もあります。

①前々文の全体または一部を指す場合

指示語のある文の直前の文が、さらに一つ前の文の補足説明である場合、直前の文を飛び越して、前の前の文（の一部）を指すことがあります。

②直後の文を指す場合

もう一つは、次のように直後の文を指す場合です。

「私はこのように考えています。退職したら海外でのんびり暮らそう、と。」

「このように」が指しているのは、「退職したら海外でのんびり暮らそう、と」です。

③直前の段落全体を指す場合

そして、指示語が段落の先頭（最初の文）にある場合、直前の文（前の段落の最後）だけでなく、段落全体を指すことがあります。

練習問題10　傍線部の「そういう方向」とはどういう方向ですか、説明してください。

近代科学の知と近代文明は、人間の文化的所産のなかでただ一つ永続的かつ無限に発展するものと見なされてきた。現在未解決の諸問題もやがて将来には必ず科学によって解決されるものと考えられた。近代生理学や近代医学などは、まさにそのような能動的で楽天的な科学的知の所産であり、それらによって痛みや苦しみをなくし、病いを絶滅させることができると確信された。さすがに誰も死を免れるようになれるとは考えなかったにしても、病気を医学的に克服して、死を遠ざけ生をより永く享受できるようになると考えたのである。

ところが現実は、そういう方向にばかりは進まなかった。というよりも、現実や自然から人間は手きびしいしっぺい返しを受けることになった。私たちは誰でも、多かれ少なかれ、環境汚染から被害を受けるようになったし、私たちの環境は文明の進むにつれてかつてとはちがったかたちで危険にみちたものになった。痛みや苦しみを被る機会も多くなったし、死の恐怖もいっそう大きなものになってきている。

中村雄二郎『術語集』（岩波新書）による

傍線部の「そういう方向」は段落の先頭（第一文）にあります。ただ、このことから機械

的に、前の段落全体を指している（例外③）と考えないでください。前の段落全体を指している場合もありますが、原則どおり直前の文（前の段落の最終文）を指している場合もあります。二つの可能性があるわけです。

この場合は、どちらでしょうか。まずは原則どおり、直前の一文を指していると考えてみます。すると、「そういう方向」とは「病気を医学的に克服して、死を遠ざけ生をより永く享受できるようになる」という方向だ、ということになります。

内容的には、その直前の文の「それら（＝近代生理学や近代医学）によって痛みや苦しみをなくし、病いを絶滅させることができる」もほぼ同内容であり、「そういう方向」に含まれそうです。

さらにさかのぼると、これら二つの文は、直前の「近代科学の知と近代文明は、人間の文化的所産のなかでただ一つ永続的かつ無限に発展するものと見なされてきた。現在未解決の諸問題もやがて将来には必ず科学によって解決されるものと考えられた」という部分の具体例であることが分かります。永続的・無限に発展し、未解決の諸問題を解決すると期待された「近代科学の知」と「近代文明」の具体例として、「近代生理学や近代医学」が挙げられているのです。

というわけで、「そういう方向」が指しているのは、後半の具体例ではなく、前半の抽象論（＝段落の主題文）のほうだということが分かります。つまり、段落の先頭にある指示語が、直前の段落全体を指していると考えられる場合は、その段落の要約を指示語の内容として答えればいいのです（要約については、第五章で詳しく解説します）。

なお、一つの段落だけでなく直前までの複数の段落の内容をまとめて指している場合もありますので、そのあたりはケース・バイ・ケースで柔軟に判断してください。

解答例

近代科学の知と近代文明が永続的かつ無限に発展し、未解決の諸問題もやがて将来には必ず科学によって解決されるという方向。

ちなみに、指示語の指しているものを確認しながら読む場合、指示内容を指示語に代入してみて意味が通るかどうかチェックしながら進むのが確実です。

練習問題の答えを代入してみると、この場合の「そういう方向」の指すものが、直前の具体例だけでなく、前の段落全体（前の段落の要旨）であるという判断が、正しいものだと確認できます。「そういう方向」の後の文では、医学や生理学だけでなく、環境問題なども含め近代文明・近代科学が引き起こしてきた問題全般に触れています。かりに、「そういう方向」の指示内容を医学や生理学の問題だけに限定してとらえてしまうと、つり合いが取れなくなります。

悪文の「名著」もある

読み手の側であれこれ努力をしなければ頭に入ってこない文章は、じつは、あまりよい文章とは言えないかもしれません。内容自体が本当に難しいから理解しにくい文章と、ただの悪文とは、なかなか区別がつきにくいかもしれませんが、文章が難解でとっつきにくい責任は、分かりやすく書こうとしない筆者にある場合が多々あります。

この本では、そんな困った悪文は引用していませんが、世の中には不親切で難解な文章があふれており、偉い先生の書いた文章にも、そんな文章が少なくありません。

不親切な文章は、無意味に難解になりがちです。それが、あたかも高尚な内容が書かれているという幻想を生み、本当は意味不明なだけの文章が、「名著」として崇《あが》められるような例もないとは言えません。

そんな文章を読んでいく場合、丁寧に指示語の指しているものを確認しながら読んでいくことが意外と有効です。

読解力テクニック⑩ 書き込みの効用を見きわめる

本や資料を読むとき、文章の大事なところに線を引いたり、丸をつけたり、四角で囲んだりしている人、あるいは、読みながら気がついたこと、ひらめいたアイデアなどを書き込んでいる人は多いはずです。

これは非常によい習慣です。手を動かしながら読むと、ただじっと座って読むよりも、思考が活性化され理解が進むというのは、多くの人が経験から感じていることだと思います。

数学の問題を解くとき、あるいは会議のために企画案を準備するときのことを考えてみてください。ただぼんやり頭の中だけで考えているうちは、よいアイデアは浮かびません。しかし、紙と鉛筆を取り出して気づいたことをメモしながら考えていくと、作業がはかどることが多いものです。

本をきれいに読む必要はない

書き込みをしながら文章を読むのにも、これと同じ効果があります。

ただ、世の中には、本に書き込みをするのを嫌う人も少なくありません。大学生のころ、教室で自分の本に書き込みをしながら読んでいたところ、そばにいたクラスメートに怒られたことがあります。その人は、「本に書き込みをするのは無礼だ」と言うのです。「面白いことを言う人もいるもんだなぁ」と思っていると、横にいた別のクラスメートが話に割り込んできて、「自分は本にはどんどん書き込みをしたほうがいいと思う」と。

そして二人は、私をそっちのけで論争を始めました。その結末がどうなったかは忘れましたが、二人はしばらく激しく議論していたように思います。

たしかに、他人の本や図書館で借りた本に書き込みをするのは論外ですが、自分の本であれば、どう使おうと自由だと思います。世の中には、本を一通り読んだら必要なページだけ切り取って、あとは捨ててしまうという人もいるぐらいです。

それは極端な例だとしても、本を、情報や知識を得たり思考の手がかりをつかんだりするための道具だと考えれば、きれいに読む必要はまったくありません。

読んで理解した内容や自分なりに新しく気づいたことなどをどんどん書き込みながら、読んでいきましょう。読んだ内容が頭にも残りやすいし、後で読み直すときにもポイントがすぐに思い出せて便利です。

書き込みのルールの決め方

その際に忘れてはならないのは、書き込みのルールを決めておくことです。

本や資料に線を引いたり、気づいたことを書き込んだりしている人は少なくありませんが、どんな線をどんなところに引くか、どういう記号をどんなときに使うかを決めている人は、あまり多くないようです。

なんとなく重要そうな箇所に、思いつきで線を引いてみる、とりあえず○印をつけてみるという程度の手の動かし方になっている人が大多数でしょう。

もちろん、手を動かさないよりはずっとよいのですが、こういうやり方だと後で見直すときに役立ちません。

「いったい何のためにこんな記号をつけたのか？」

「あちこちに線が引かれているが、そのなかでどこが重要なのか？」

そんな疑問が湧いてきて、ひどい場合にはもう一度丁寧に読み直すはめになります。**書き込みのルールを決めておく**ことで、そんな時間の無駄を避けることができます。ルールは自分に分かればよいのですから、自分が便利なようにやればよいのですが、参考までに、本書でここまでに使った書き込みの方法、記号の使い方を整理しておきましょう。

私も、本や資料を読んでいて内容が難しくてとくにじっくり読みたいとか、正確に理解したいなどと思うときには、ここで紹介する記号を書き込みながら読んでいます。

この方法は、論理展開の方法に即して文章のポイントをつかむのに役立ちます。しかも、三色ボールペンや蛍光ペンなどの特別な筆記用具も必要なく、鉛筆でもボールペンでも、筆記用具が一本ありさえすれば、どこでもできるシンプルな方法です。

▼書き込みの方法

ア．対立……対立の要素の一方に関する部分に――――、もう一方の要素に～～～～。
　対立の目印には↕を添える。

〔例〕メールには、送り手も受け手も、好きなときに発信したり読んだりすることができ、口では言いにくいことを伝えやすいという長所があり、↕一方、電話には、急用の際すぐに相手と話ができ、微妙なニュアンスの伝達が可能なためメールにありがちな誤解を回避しうるという長所がある。

イ．並立……並立の各項目の頭に丸数字（①②③④……）をふる。それぞれの項目の要点に傍線を引くとなお分かりやすい。

〔例〕論理展開の方法には、①第一に、二つの事柄を対比・対照させる対立、②第二に、要点を列挙する並立、③第三に、同じ内容を、表現を変えながら繰り返し説明・主張する同内容の三つがある。

ウ．同内容……同内容表現を□で囲み、イコール（＝）で結んでおく。

〔例〕人間の行動は、あるまとまりを持った単位に区切ることができる。すなわち、ひとまとまりの行動である。この単位的な行動は、これを類型的にまとめて表現することができる。たとえば、散歩、食事、出産、討論、恋愛、お祭り、農耕、戦争、など。

前出『発想法』による

自分のコメントは☆印で

そのほか、何かを読んでいるとき、自分の感想や文章に触発されて新しく思いついたアイデア、そのほか気づいたこと、質問・疑問点など、自分のコメントをメモしたくなることがあります。

そんなときは欄外にどんどん書き込みをしましょう。その際、**自分のコメントは自分のコメントと分かるように、専用の記号をつけておく**と便利です。

私の場合は、サッと書けてよく目立つ☆**印**を使っています。

この☆印がとくに威力を発揮するのは、配布資料に目を通しながら、人の話（講演やゼミ・会議での報告、プレゼンテーションなど）を聞くときです。

こういう場合、発表者が口頭で補足説明する内容も、自分のコメントも、配布資料に一緒にメモしていくのがふつうです。話が複雑になってきたり、長くなってきたりすると、メモしたものが発表者の話なのか、自分自身のコメントなのか、分からなくなってくることがあります。

そんなときに、☆印を使えば、自分のコメントがハッキリ浮かび上がります。

発表の後には、ふつう質問タイムがあります。そんなとき、できる聞き手は、話を聞いている間に質問を準備し、終わった瞬間に的確な質問を発します。みなさんの同僚にもそんな人がいるでしょう。

話を聞く間に、一つでも多く☆印のコメント・質問を書きとめましょう。そして、話が終わったら、☆印の中でも、とくに重要だと思うもの、面白いと思うものを使って、質問を繰り出すのです。

美しく書き込もうとしない

書き込みに関して、注意すべきことをいくつか挙げておきます。

一つは、美しく線を引いたり、きれいに記号をつけたりすることに気を取られないでほしい、ということです。

色つきのボールペンや蛍光ペンなどを使って、本や資料に、きれいに線を引いたり、書き込みをいれたりしている人を見かけますが、こういう人に限って、内容は頭に入っていないものです。

現代国語の授業で、「ここに傍線を引いて」と指示すると、定規を取り出して線を引く人が結構います。ハッキリ言って、これは時間と労力のムダです。

あくまでも大事なのは、文章を素早く正しく理解することです。書き込みはフリーハンドでスピーディーにできればよいのです。あとで自分が読み直したときに理解できればよいのですから、それ以上の丁寧さはムダ以外の何物でもありません。

蛍光ペンの功罪

もう一つ触れておきたいのは、蛍光ペンの功罪です。蛍光ペンは、本や資料の中の重要な箇所を目立たせるには非常に便利な道具で、そうした目的では、鉛筆やボールペンよりも優れています。

しかし、蛍光ペンでは細かい文字を書くことができません。本や資料の欄外にコメントを書き込むときには、鉛筆やボールペンに持ちかえなければなりません。

そもそも、資料や本を読むのに蛍光ペンが必要だとすると、いつでもどこでもすぐに仕事に取りかかるというわけにはいかなくなります（蛍光ペンをいつでも持ち歩いているのなら別ですが）。蛍光ペンは便利な道具かもしれませんが、一本で線も引け文字も書き込め、どこでも手に入りやすい鉛筆やボールペンのほうがやはり優れています。

要点を絞って書き込む

また、これは筆記用具そのものの問題ではないのですが、蛍光ペンを使っていると、手軽さにまかせて、資料の隅から隅まで、必要以上に線を引いてしまうという弊害《へいがい》があります。

生徒の教科書や参考書などを見せてもらうと、ほとんど一行おきにマーカーがつけてあって、これではどこが要点なのかサッパリ分からないではないか、という状態の本に出会うことがあります。

汚しながら読むと頭に入るとは言っても、やみくもに線を引いたり、丸で囲んだりすればよいというものではありません。

では、どこに線を引けばよいのか、どこを丸で囲めばよいのか。その判断の基準となるのが、第三章・第四章で解説してきた、論理展開の三つの方法を始めとする、さまざまなテクニックです。

これらのテクニックに沿って、手を動かしながら読んでいくことで、筆者がいちばん言いたいことが自然と浮かび上がってくるのです。

第五章　要約は最良の読解力テスト

学校では教えてくれない要約の方法

学校でも職場でも、資料や本など、ある程度まとまった長さの文章の要約を求められることがありますね。そんなとき、みなさんはどのようにしていますか。文章をどんなふうに要約するか、その手順をきちんと説明できますか。

レポートを書くために本の内容をまとめたり、研修で聞いた話をまとめたりと、文章の要約は社会に出てからも、折に触れて求められる作業です。ところが、その方法は、学校の国語の授業では、ほとんど体系的に教えられていないようです。

要約が必要になったとき、多くの人が自分のカンを頼りに我流でまとめているのではないでしょうか。これでよいのかと、いつも迷いながら進めることになるので、作業はなかなかはかどりませんし、カンだのみのまとめ方では、文章の要点を的確にとらえた要約にはなりません。

小手先のテクニックでは要約できない

ある文章を正しく要約できるということは、その文章がきちんと読めている証拠です。だから、現代国語の試験では、「傍線部の『それ』は何を指しているか」とか「傍線部を分かりやすく言いかえよ」などといった瑣末《さまつ》な問題をたくさん出すよりも、ただ一問、「この文章を○○字以内で要約しなさい」という問題を出したほうが、より確実に実力を試すことができると、私は思っています。

けれども、たとえば大学入試の現代国語では、文章の要約を求める問題は、それほど頻《ひん》繁《ぱん》に出題されるわけではありません。むしろ、入試問題全体から言うと、要約問題は少数派です。

これは一つには、要約問題の採点は、答え方が一つに決まる選択式や短い記述式の問題に比べて、手間がかかるという実務上の都合があるからでしょう。しかしホンネは、学校の国語の授業では要約の方法がきちんと教えられていないため、出題しても学生がきちんと答えられないから、というところにあるのではないかと、私は疑っています。

これは悪循環ですね。学生がきちんと答えられないから入試に出題されない、入試に出題されないので学校の授業でも取り上げられる機会が減るし、学生もあまり勉強しなくなる、学生が勉強しないとテストに出題しても答えられないから、出題の機会がますます減る……。

これは国語の話ではありませんが、東京大学の入試の英語論文の試験では、かつては数ページの英文を読んで、それを四〇〇字とか六〇〇字の日本語に要約するという問題が出題されていました。ところが、ある時期から、「文章全体を〇〇字で要約しなさい」という問題は姿を消し、代わりに「〜について、本文の筆者は何と言っているか、〇〇字でまとめなさい」という問題が出されるようになりました。

どうしてこのように変化したのか、本当の意図は大学が発表しているわけではないので知る由《よし》もありません。ただ、小論文の指導に携《たずさ》わる予備校関係者の間では、自力で文章の要約をするよう求めたところ、出来の悪い答案しか出てこないので、あらかじめ問題のほうで「〜について」とポイントを絞って要約をさせるように問題が変更されたのではないか、と推測されていました。

いずれにしても、読解力をチェックし、また鍛えるのに格好の「要約」という方法が十分活用されていないのは、残念なことです。高校生を対象にした私の現代国語の授業では、毎回、読んだ文章の要約を宿題にしていましたが、これを一年間続けた生徒は、小手先のテクニックではない、読む力と書く力が確実に身についていました。

ここでは、私が教室で教えてきた方法に沿って、要約の基礎をマスターしましょう。

要約の基礎とは

そもそも、要約とは何でしょうか。そんなことを改めて考えてみたことはないという人も多いかもしれませんが、要約が何であるか分からないのに、うまい要約をつくれるはずがありません。

要約というのは、**文章の論理展開を見取り図的にまとめたもの**です。住宅の構成を簡略に記した間取り図と同じようなものと考えてください。

当たり前ですが、間取り図は住宅そのものではありません。部屋の数や大きさ、相互の位置関係など建物全体の構造に関しては、現物を忠実に再現していますが、壁が何色かとか、洗面所の蛇口の形がどうなっているかなど、細かい情報は間取り図には含まれません。そもそも、実物の住宅は立体ですが、間取り図は平面に書き表されています。

この「細かい情報がそぎ落とされている」という点が大事です。

文章の要約もこれと同じことで、要約に盛り込まれるのは、文章の要点だけです。本当に言いたいこと（主題）だけを抜き出したものが要約になります。

「本当に言いたいこと＝主題」以外のことは、すべて省略します。たとえば、補足説明や具体例、さらには文体とか文章の味わいなどといった要素は、要約では再現できません。

要約とは、文章を短くしたものだと考えている人が多いようですが、ただ短くしただけでは要約にはなりません。枝葉の情報を削って、本当に言いたいこと（主題）だけを残した結果、文章が短くなったもの、それが要約なのです。

だから、間違って主題を削ってしまい、補足説明や具体例だけを残した文章は、いくら短くなっていても正しい要約とは言えません。それは、部屋の数や大きさ、位置関係などの基本的な情報が欠けていて、代わりに壁紙の色とか蛇口の形といった瑣末《さまつ》な情報だけが載っている、役立たずの「間取り図」のようなものです。

要約の手順はいたってシンプル

それでは、要約のやり方を説明しましょう。

じつは、手順はいたってシンプルです。本一冊まるごとのような長い文章を要約する場合は別として、十数ページぐらいの雑誌の記事や論文などを数百字にまとめるような場合には、このやり方でまず問題ありません。

（二）まず、**各段落を要約**します

それぞれの段落には、必ず一つ（以上）言いたいことがあります。これが、その段落の主題（本当に言いたいこと）です。段落の主題を表現している文が主題文であり、主題文以外の部分は、主題文を補足する説明文です。

ここでは、各段落の説明文を捨てて、主題文だけを残します。ただし、実際にはそれほど単純に話が進むとはかぎりません。本当に言いたいこと（＝主題）が、段落内に分散していることも多いからです。そんな場合は、段落内の複数の部分を組み合わせて、一つの主題文を自分でつくり上げる必要があります。

この作業をするときには、これまでに第三章・第四章で見てきたテクニックがさまざまなかたちで使えます。

たとえば、段落の中に同内容表現が二つ以上あることが分かれば、どれも同じことを言っているのですから、いちばん分かりやすい表現のものを残して、ほかは削ってしまってかまいません。

段落の中にA⟷Bの対立がある場合は、字数が許せば、AとBの両方を要約に盛り込みますが、字数制限が厳しい場合は、AとBのうち、筆者がより強調したいほうを残して、もう一方は削ります。

(二) 次に、**各段落の要約(主題文)を前から順に組み合わせ**ていきます。

要約は、文章の論理展開を手短にまとめた見取り図なのですから、順番を前後させる必要はありません。本文に書かれているとおりの順番でまとめればよいのです。

それぞれの主題文は、段落の一部を抜き出してきたものですから、そのまま並べたのでは、つながりが悪い場合がよくあります。たとえば、段落の中間から抜き出した主題文同士は、そのままでは、うまくつながらないことがよくあります。

そんな場合には、段落同士の論理的関係をハッキリさせるために、必要に応じて、主題文と主題文の間に接続語を補います。

(三) 最後に、**規定の字数に収まるように調節**します。

要約の字数は場合によりますが、短いもので数十字から一〇〇字前後、本一冊を要約するような場合には一〇〇〇字から数千字でまとめることを求められる場合もあるかと思います。

いずれにしても、段落ごとの要約を全部つなぎ合わせていくと、字数をオーバーしてしまうことが多いものです。そのときには、異なる段落同士で同内容の関係にあるものをどちらか一つに集約したり、段落全体が説明文（具体例など）になっているものをカットしたりして、全体の字数を減らす必要があります。

こうした作業は、テストの場合は手書きでやるしかありません。少しずつ文章を削りながら字数を調整するのは、なかなか骨の折れる作業です。しかし、ふだん会社や大学などで作業する場合には、パソコンを使えば、字数を数えたり要素を削ったり足したりが簡単にできます。

話の順番を入れかえない

高校生に要約を指導してきた経験から言うと、文章を要約する場合、必要以上に難しく考えすぎて、作業を複雑にしてしまう人が多いようです。

いちばん多いのは、必要もないのに話の順番を入れかえようとする人です。

たとえば、三段落からなる文章（段落A→段落B→段落C）があるとします。この場合、各段落から要点（要点a・要点b・要点cとしましょう）を抜き出して、a→b→cとまとめればよいのです。

どういう順番で話が展開しているかというのも要約に盛り込むべき大事な情報です。これは、アパートの間取り図を見れば、部屋の位置関係がどうなっているか、一目で分かるのと同じことです。ですから、原文においてa→b→cと並んでいるものを、勝手にb→a→cとかc→b→aのように並べかえてはいけないのです。

このようなやり方は、要約として原文に忠実でないだけでなく、余計な仕事を増やすことになります。

ボトムアップ式とトップダウン式

文章を要約する作業は、はじめに各段落の要点をつかみ、その後、それらの要点を積み上げていって文章全体の要約をつくるという手順で進めます。要点を下から積み上げていくという意味で、**ボトムアップ式**と呼んでいいでしょう。

実際に要約する際には、このボトムアップ式の方法を基本に、**トップダウン式**のやり方をあわせて利用するとうまくいくことが多いものです。

ここでトップダウン式と言うのは、段落の要点を一つずつ積み上げていくのとは反対に、文章全体を通してのポイントをざっと大づかみにすることです。

具体的には、文章全体を通してのキーワードをいくつかピックアップしておき、要約にはそれが必ず入るようにする、というやり方で進めます。数ページから十数ページぐらいまでの文章であれば、キーワードの数は、三、四個ぐらいに絞れるはずです。

もちろん、ボトムアップで正確に要約をしていけば、その要約には、自然と必要なキーワードが含まれます。そもそも、ボトムアップ式で一つ一つの段落を細かく検討していかなければ、本文全体のキーワードが何か決めがたいという場合もよくあります。

しかし、現実には、全体をざっと読んだだけでキーワードがハッキリ分かる文章も多いのです。そんな場合は、基本的にはボトムアップで段落ごとの要点を積み上げつつ、そうしてできあがってきた要約に、きちんとキーワードが含まれているかチェックすれば、より的確な内容の要約ができあがります。

この話は、次の図のように整理すると分かりやすいかもしれません。

キーワード・主題（数文字から十数文字）←→**要約**（数百字）←→**本文**（数千字）

↓↓↓↓トップダウン　　　　ボトムアップ↑↑↑↑

二つの視点の使い分け方

文章を要約するとき、このボトムアップとトップダウンという二つの方向性を意識しておくことが、何かと役に立ちます。場合に応じて、この二つを使い分けるのです。

たとえば、上司への報告や会議の準備などのために、手早く文章のポイントをつかまなければならないときや、試験で時間に余裕がないときなどは、全体をざっと読み通して、キーワードだけを拾って、文章のポイントをつかむということをするでしょう。これは、トップダウンの読み方、トップダウンの要約の仕方です。

これに対して、速さよりも要約の正確さが求められるときには、一つ一つの段落の主題をきちんとつかみ、それらをボトムアップ式に積み上げて要約をつくればいいのです。

トップダウンとボトムアップは、どちらか一方を選ばなければならないというものではありません。多くの場合、私たちは、無意識のうちにトップダウン的な視点とボトムアップ的な視点とを切り替えながら文章を読んでいます。要約の場合に大事なのは、時間と求められる正確さに応じて、この二つの視点を意識的に使い分けていくことです。

二〇〇〇年間で最大の発明は何か

ではここで、実際に練習問題をやってみましょう。

次の文章は、『２０００年間で最大の発明は何か』という本の「あとがき」から取りました。

米国や英国の著名な科学者・技術者らが参加する、あるメーリングリストで、二一世紀を迎える直前に、「人類の歴史において最大の発明は何か」をテーマとした議論が行われました。この議論のなかで、メーリングリストに参加する第一線の科学者・技術者たちが出した答えを、一人ずつ紹介したのがこの本です。

人類最大の発明は何か？　と聞かれたら、みなさんなら何と答えますか。

一〇八人の科学者・技術者が出した答えは、それはバラエティーに富んだものでした。「コンピュータ」「インターネット」「テレビ」「水道」「時計」「電池」「レンズ」などの道具や機械を挙げた人がもちろん多かったわけですが、一方で、「教育という概念」「平等の理念」「超自然現象を信じないこと」「大学」「民主主義と社会正義」など、思想や制度を最大の発明として挙げる意見もありました。

科学者・技術者たちの答えは本当に多様でしたが、そのなかでも、比較的多くの支持を集めたものがありました。印刷術・印刷機です。

印刷の技術は、たとえば中国では、紀元二世紀前後にまでさかのぼります。「印刷」と言っても、当時の技術は石碑に墨を塗って紙に文字を転写するというものでした。金属の活字を使って、大量の書籍を複製できる技術が生まれるのは、一五世紀まで待たなければなりません。ドイツのグーテンベルクによる活版印刷術の発明です。

グーテンベルクは活版印刷の「発明者」としてあまりにも有名です。しかし、以下の「あとがき」は、彼の「発明」の意味を、世間一般の人たちは誤解し、過大評価していると述べています。

練習問題11　次の文章を読んで全体を二〇〇字以内で要約してください。

グーテンベルクは千年紀の最良の発明をもたらしただけでなく、発明なるものがいかにして花を開くかをうかがい知る絶好の機会をわれわれにあたえてくれた、ということはすでに述べた。その結果として見えてきたことの一つは、進歩のための要因として発明があるという、われわれの通常の見方は、しばしば的はずれだという点だ。発明をするということ自体は、容易な作業だといえるかもしれない。現実に進歩の障害となるのは、社会がその発明を利用する能力を欠いていることだろう。可動活字による印刷も着想することはそれほど困難ではなかったかもしれない。というのは、畢昇もコステルもクレタの無名の人間も、それぞれ独自に同じアイデアを思いついているからだ。ところが残念なことに、クレタのグーテンベルクは、ミノア文明時代のクレタがそれほど印刷術を必要としていなかったために、挫折をあじわう羽目になった。ほかにも時期尚早の例として有名なものをあげれば、コロンブスの新大陸発見以前にメキシコで発明された車輪（メキシコのインディオは牽引用の家畜を飼っていなかったため、車輪は玩具にしかならなかった）、紀元前二万五〇〇〇年にクロマニヨンが発明した陶器（採集狩猟をつづけながら遊動する人間が、なにを陶器に入れて野営地から野営地へと運ぶというのだ？）などがある。〔中略〕

印刷術の歴史が教えるところによれば、偉大な発明につながる技術進歩は、まったく無縁の分野から生まれることが多い。たとえば、もし古代クレタの女王が、ミノア流マンハッタン計画として改良式印刷術による大規模な識字運動を開始したとしても、チーズやブドウやオリーブの圧搾機（プレス）を研究せよと強調することなど思いつかなかっただろう。ところが、そうした圧搾機がプロトタイプを提供してくれたおかげで、グーテンベルクは印刷術にもっとも独創的な貢献を果たすことができたのだ。同様に、一九三〇年代のアメリカで、強力な爆弾を製造しようとした軍の開発計画担当者たちは、超ウラン元素などという不可解な物質の研究のために資金を提供すべきだという提案を聞いたとしても、一笑に付したであろう。

発明家とは、社会のかかえている問題を認識し解決する能力をもった英雄だ、とわれわれは想像している。ところが実際には、偉大な発明家は、なにも考えずにひたすら物をいじりまわすのが好きな人間で、自分の考案した作品がどんな役に立つのか（役に立つとして）、あとから見つけ出さねばならなかった。〔中略〕グーテンベルク自身についていえば、そもその動機についてはわれわれはなにも知らないが、彼が金細工師のギルドに所属する熟練した金属細工師であり、明らかに金属をいじるのが得意な天才だ、ということは知っている。

がらくたいじりが動機となった発明の最良の例は、トマス・エジソンの蓄音機だ。これはアメリカ最高の発明家の手になる最高の発明だと広く考えられている。一八七七年にエジソンが最初の蓄音機を製作した理由は、アメリカじゅうの人びとが自宅でベートーベンの交響曲を聴きたいとますます大声で叫ぶようになったので、その要望にこたえようとした、というのではない。エジソンは音を保存できる装置がつくれないかという難題そのものに心をひかれたのだ。装置をつくりおわっても、彼はその使い道がわからなかったので、可能性のある用途を一〇とおりリストアップしてみた。リストの上位を占めたのは、死にかけている人間の最後の言葉を記録することや、時計の時刻のアナウンス、スペリングの教育だった。企業家たちがエジソンの発明を組み込んだ音楽演奏装置を提案すると、彼は自分のアイデアが見くびられたと考えて反対した。

発明家は社会がかかえる問題を解決しようとする人間だ、という広くいきわたっている誤解に関連して、われわれはよく、必要は発明の母だ、という。ところが実際には、発明は必要の母なのだ——それまでわれわれが感じることのなかった必要性を生みだすことによって(正直に答えてほしい。CDウォークマンができるまえに、あなたは本気でその必要を感じていたか)。社会のなかに定着している利害関係は、予測される必要性にたいして示された解決策を歓迎するどころか、通常は発明を妨害する。グーテンベルクの時代、書物を大量生産する新方式が生まれてほしい、と願った人はいなかった。当時は写字生がたくさんいて、かれらは失業を望まなかったので、地域によっては印刷術が禁止になったりした。内燃機関第一号が製作された一八六六年以後、数十年のあいだ、自動車は不要物として日陰暮らしをしていた。というのは、人びとは馬車や鉄道で満足していたし、どちらも供給不足ということはなかったからだ。トランジスタはアメリカで発明されたが、アメリカのエレクトロニクス産業は、真空管製品に投資した多額の資金を護ろうとして、トランジスタを無視した。トランジスタをコンシューマー・エレクトロニクス製品に応用したのは、第二次大戦後の焼け跡日本のソニーだった。〔中略〕

天才の発明者が、社会の要請を見ぬき、独力でそれを解決し、その結果、世界を変えたのだという物語は、忘れてしまわなければならない。そんな天才が出現したことはこれまで一度もなかった。つねに存在していたのは、思いがけぬ偶然の貢献や部分的進歩に貢献した創造的知性の持ち主たちの長い列であり、かれらは他の人間と入れ替わることもできたのだ。もしグーテンベルクが初期の印刷で使用された改良型の合金やインクを考案しなかったとすれば、金属や油をいじりまわしていた同時代の別人がこうしたものを考案していたことだろう。千年紀の最良の発明をしたグーテンベルクにたいしては、その功績をある程度まではぜひ認めるべきだが、あまり過大に評価してはならないのだ。

ジョン・ブロックマン＝編／高橋健次＝訳『2000年間で最大の発明は何か』（草思社）

の「あとがき」（ジャレド・ダイアモンド）による

ボトムアップの前にトップダウン的理解を

要約の手順は、①段落ごとに要約する→②各段落の要約を前から順に組み合わせる→③字数を調節する―の三段階でしたね。そこで、まずは段落ごとの要約から始めていきますが、その前に、何がこの文章全体としてのキーワードなのかを考えておきましょう。

つまり、ボトムアップ的に要約を積み上げるまえに、トップダウン的におおまかな理解をしておこうという作戦です。

「発明とは何であるか」「発明家とはどんな人たちか」というのがこの文章のテーマですから、「発明」や「発明家」は絶対に欠かせないキーワードになりそうです。

グーテンベルクやエジソンは重要な登場人物ですが、あくまでも具体例です。こうした個別の人物にまつわるエピソードとか事例（説明文）を省いて、筆者が発明（家）とは何であるかについて一般的に述べた部分を中心にまとめていけばよさそうです。

主題文の選び方

では、本文を段落ごとに要約していきましょう。

まず、第一段落。後半の「可動活字による印刷も……」以降は、すべて具体例ですね。具体例は、①可動活字による印刷、②メキシコで発見された車輪、③クロマニョンが発明した陶器——の三つです。いずれも、発明されたけれども当時は需要がなかったために、利用されず技術として定着しなかったものの例です。

これらが全部具体例だとすると、第一段落の主題文は、前半にあることになります。前半にはこう書かれています。ここでは、説明の便宜上、各センテンスに（a）（b）（c）（d）という符号をつけています。

（a）グーテンベルクは千年紀の最良の発明をもたらしただけでなく、発明なるものがいかにして花を開くかをうかがい知る絶好の機会をわれわれにあたえてくれた、ということはすでに述べた。（b）その結果として見えてきたことの一つは、進歩のための要因として発明

があるという、われわれの通常の見方は、しばしば的はずれだという点だ。（c）発明をするということ自体は、容易な作業だといえるかもしれない。（d）現実に進歩の障害となるのは、社会がその発明を利用する能力を欠いていることだろう。

（a）では、グーテンベルクが「発明なるものがいかにして花を開くかをうかがい知る絶好の機会」を与えてくれたと述べられていますが、「絶好の機会」の具体的内容までは書かれていません。これをそのまま主題文とするのではなく、この後の文を使ったほうがよさそうです。

次の文（b）を見ると、グーテンベルクが教えてくれたことの内容が、「進歩のための要因として発明があるという、われわれの通常の見方は、しばしば的はずれだ」と、ちゃんと書かれています。しかし、われわれの通常の見方が「的はずれ」だとして、どういう見方が良いのかは書かれていません。（b）の文は、否定しているだけで積極的な方向を打ち出していないのです。

否定表現の扱い方

ここで知っておきたいのは、要約の際の否定表現の扱い方です。要約するときに、同じ内容を表現している二つ以上の文がある場合は、最も分かりやすいものを選ぶという原則はすでに説明しました。この原則に従って、否定的な表現と肯定的な表現がある場合は、肯定的な表現のほうを選びます。

たとえば「明日は晴れないでしょう」という文を考えてみてください。「晴れない」というだけだと、曇りかもしれないし、雨かもしれません。雪の可能性もあります。いったいどんな天気になるのかは、分かりません。

代わりに「明日は雨が降るでしょう」と言えば、情報の質は高まります。「明日は晴れないでしょう」「明日は雨が降るでしょう」という二つの表現があったら、要約の場合は、後者を選びます。

文章の効果を高めるため、意図的にストレートに書かず曖昧《あいまい》な表現（否定的表現など）を使うことはよく行われるのですが、要約の場合は、分かりやすさ、簡潔さがいちばん大事です。だから（b）の文は、なるべく使いたくないということになります。

そのうえで（c）（d）の文を見ると、発明をどうとらえるべきかについて、明確な表現が出てきます。「発明をするということ自体は、容易な作業だといえるかもしれない。現実に進歩の障害となるのは、社会がその発明を利用する能力を欠いていることだろう」
その後の三つの具体例（可動活字による印刷、車輪、陶器）とも、内容的にきちんと対応しています。難しいのは発明自体ではなく、社会がその発明を利用できるかどうかという点にある、ということです。
したがって、第一段落の主題文は、（c）（d）をそのまま抜き出してもかまいませんが、二つの文をもう少し簡潔に整理すれば、次のようになると思います。

第一段落の要約：進歩の障害となるのは、発明それ自体の難しさよりも、社会がその発明を利用する能力を欠いていることである。

第二段落も同じように、二文目以降の二つの具体例（グーテンベルクの印刷術、アメリカでの原子爆弾開発）を省《はぶ》いて、最初の文を主題文とします。

第二段落の要約：偉大な発明につながる技術進歩は、まったく無縁の分野から生まれることが多い。

段落ごとの要約を完成させる

以下、同様に最後の第六段落まで、具体例・補足説明は省《はぶ》き、残った部分のなかで言いたいことを最も簡潔に書き表している部分を抜き出していきます。すると、以下のような段落ごとの要約が完成します（¶1～¶6は段落番号）。

段落ごとの要約

¶1　進歩の障害となるのは、発明それ自体の難しさよりも、社会がその発明を利用する能力を欠いていることである。

¶2　偉大な発明につながる技術進歩は、まったく無縁の分野から生まれることが多い。

¶3　発明家とは、社会の抱えている問題を認識し解決する能力を持った英雄だと我々は考えているが、本当は偉大な発明家は、何も考えずにひたすら物をいじりまわすのが好きな人間であり、自分の作品がどんな役に立つのかは、あとから見つけ出さねばならなかった。

¶4　（エジソンの蓄音機の話＝¶3に対応した具体例）→要約には入れない。

¶5　我々はよく「必要は発明の母だ」と言うが、現実には、発明はそれまで我々が感じることのなかった必要性を生み出すもの（「必要は発明の母」）である。むしろ、社会に定着している利害関係は、予測される必要性に対して示された解決策を歓迎するどころか、通常は発明を妨害する。

¶6　過去の様々な発明は、どれも、一人の天才が独力で生み出したものではなく、数多くの創造的知性の持ち主たちによる偶然の貢献の積み重ねによって成し遂げられたものである。

今度は、これを前から順に組み合わせ、二〇〇字以内という字数制限に合うように調整します。字数を調整し、また分かりやすく簡潔にまとめるため表現を変えてもかまいませんが、内容は変化させずに言いかえます（同内容表現を使う）。

この文章の場合、段落全体が具体例になっている第四段落を除く五つの段落すべての要点を要約に盛り込むのが理想ですが、そうすると、どうしても二〇〇字以内という字数制限をオーバーしてしまいます。

そこで、段落ごとの要約の一部分をカットする必要があります。どこがカットできるでしょうか。

ここでも、具体例や補足説明などを省くという原則に沿って考えていきます。まず第三段落の前半、「発明家とは、社会の抱えている問題を認識し解決する能力を持った英雄だと我々は考えているが」という部分は、その後の筆者の主張を引き立たせるために、常識的な見方（これを筆者は誤りだと考えているのですが）を導入しているものです。

こういう論理展開の方法を「譲歩」と言うのでしたね。この譲歩している部分は、カットしてしまいましょう。ちなみに、同じような話は、第六段落にも、「過去の様々な発明は、どれも、一人の天才が独力で生み出したものではなく」という表現で出てきますので、必要ならば、ここを生かせばよいでしょう。

もう一ヵ所、第五段落の後半、「むしろ、社会に定着している利害関係は、予測される必要性に対して示された解決策を歓迎するどころか、通常は発明を妨害する」という部分は、発明というのが従来は存在しなかった必要性を新たに生み出すものだということを強調するためのものです。この部分も、あるに越したことはないですが、字数制限に合わせるために削ることにしましょう。

以上のように手を加えてできた解答例は次のとおりです。基本的には段落ごとの要約を前から順につないでつくったものです。この文章の場合、かりに制限字数が三〇〇字以内なら、段落ごとの要約を前から順につないでいくだけで要約ができあがります。

解答例

（¶1）進歩の鍵は、発明それ自体よりも、その発明を社会が利用できるか否かという点にある。（¶2・¶3）偉大な発明は、まったく無縁の分野で何の役に立つのか分からないまま無目的に物をいじりまわすことから生まれるものであり、（¶5）その結果、人々が感じていなかった新たな必要性を生み出すものだからである。（¶6）過去の様々な発明は、天才が独力で成し遂げたものではなく、多数の創造的知性の持ち主による偶然の貢献の積み重ねによるものである。（一九六字）

第六章　文章の背景知識を学べば読解力は格段と高まる

読解力はトレーニングで伸びる

以上で、読解力の基礎的なテクニックについては、だいたい終わりました。ここで、第一章で書いた、読解力は三つの部分から成り立っているという話をもう一度思い出してください。

①語彙や文法など日本語についての一般的な知識
②文章を構造的に理解するための論理的思考力
③文章の内容についての背景知識

読解力とは、これら三つが合わさった総合的な能力であり、コツをつかみトレーニングを積むことで、伸ばしていくことのできる技術です。

このうち、学校の国語の授業は、おもに、①の語彙や文法についての知識に重点を置いています。②論理的思考力や③文章の内容についての背景知識は、学校では十分に教えてもらえません。読む力を総合的に高めようとすれば、自分で学ぶ必要があります。

第三章・第四章では、②の論理的思考力をアップするためのテクニック一〇個を厳選して解説しました。また第五章では、そうしたテクニックを生かしつつ、さらに読む力に磨きをかけるため、要約のトレーニングが有効だということを述べました。

知っている話のレパートリーを増やす

では、③の文章の内容についての背景知識はどう鍛えればよいのでしょうか。

どんなテーマの文章を読むのかによって、必要な知識は違ってきます。ただ、第一章でも述べたように、現代社会に生きる私たちにとって読解力が問題になる場面で求められる知識は、一言でいえば、「近代」というものに対する理解につきます。

この数百年にわたり、科学とテクノロジーが飛躍的に発展し、個人主義や民主主義の思想が開花し、それと同時に、資本主義・産業主義が世界を覆《おお》いつくすに至った時代。私たちを悩ませる難解な評論や論説文は、そのほとんどが、この「近代」という時代をめぐって、その特徴や問題点、さらにはそれらを克服《こくふく》するための道筋を論じています。

もちろん、論じ方や切り口は、筆者によってさまざまなのですが、そこには、典型的な議論の運び方・パターンや、よく引用される具体例などがあります。そのような議論のパターン、話題などを知っておけば、同様の文章が出てきたときに、理解しやすくなります。

もちろん、自分が知っているパターンや、前に読んだことのある話とピッタリ同じ内容の文章ばかりが出てくるとは限りません。勝手な思い込みで、文章の内容をねじ曲げて理解するなどは論外です。

しかし、さまざまなテーマについていろいろな論じ方があるということを知っておくこと、それも具体的に知っておくことはムダではありません。**知っている話のレパートリーを増やす**のです。新しい文章が出てきたときに、そのレパートリーの中に位置づけて、「これはあの話に似ている」とか、「前に読んだ文章とは正反対の話だ」などと思えるようになったら、しめたものです。

アリストテレスの『弁論術』に出てくる「トポス」の考え方を思い出してください。話題という意味の英語「トピック」の語源は、ギリシア語の「場所」(トポス)にあったのでしたね。議論の運び方のパターンや、一般的な論点・テーマなどがたくわえられている倉庫がトポスであり、筆者はその倉庫から必要な材料を取り出してきて文章を書くわけです。

この倉庫は、一人一人が別々に持っているのではなく共有のものです。それなのに、どうして文章を読んだり書いたりする能力に差が出るのかと言えば、それは人によって、倉庫の中身を熟知し、使いこなす能力に差があるからです。

現代国語の授業で扱うテーマ

私の授業では、第三章から第五章で解説したようなテクニックを学びながら、同時に読む力に必要な文章の背景知識も身につくよう、使用する文章を選んできました。

以下は、ある年の授業の年間スケジュールから抜き出した、テーマの例です。大学受験を控えた高校生を対象とした一年間約四〇回の授業（一回あたり二時間）で、これらのテーマをカバーします。

近代／科学／資本主義／国民国家／バイオエシックス／持続可能性／リベラリズム／ジェンダー／構造主義／マルクス主義／ネットワーク／リスク社会／ノーマライゼーション／罪の文化・恥の文化／原理主義／自然と文化・文明

また、別の年の「小論文」の授業では、一年間かけて以下のようなテーマを扱いました。

社会科学の理論における人間の位置づけ／豊かな社会／仕事と労働・余暇／人間中心主義と環境破壊／呪術《じゅじゅつ》的思考と科学の受容／価値相対主義／文化資源としての自然／文化の否定

性／歴史の客観性・歴史認識における進歩／機械と心／アイデンティティ／遺伝子決定論／南北問題／環境倫理の考え方／社会的ジレンマ／差異と差別／医療における信託モデル／国家による社会生活への介入

定番のテーマ「個人vs.共同体」という対立軸

こうした定番の論点・テーマの一つに「個人vs.共同体」というのがあります。個人の自由を追求しすぎれば、強い者・持てる者はさらに強く豊かに、弱者はさらに弱い立場に追い込まれることになるでしょう。かといって、メンバー同士の平等を目指して共同体としての一体感を強調しすぎれば、個人は自由を失ってしまいます。

社会や政治に関する議論の多くは、この「個人vs.共同体」という対立軸をめぐって繰り広げられていると言っても過言ではありません。読解力を身につけることは、こうした個別の議論の背景に隠された共通の論点や対立軸を知り、マクロな視点から文章を読んでいけるようになることなのです。

残念ながら、この本では、さまざまな論点や対立軸を個別に詳しく解説していくスペースがありません。以下、この章では一つの例として、「個人vs.共同体」という対立軸をめぐって「リベラリズム」について解説した一回の授業を再現しながら、論点や対立軸を意識して読むことの大事さを実感していただくことにします。

自民党＝リベラルの謎

少し前に、大学で留学生たちと勉強会をしていたときのことです。

どういう流れからか日本の政治の話題になりました。留学生たちは日本の政治についてほとんど知らないようだったので、私が、日本の政党について簡単に説明することになりました。

そのときに、ちょっと興味深い出来事がありました。

「保守政党である自民党は……」と英語で言ったとたん、留学生たちが急に首をかしげて、「分からない」と言いはじめたのです。

自由民主党の「自由」は、英語に直訳すると「リベラル」です。自民党の英語名は、「リベラル・デモクラティック・パーティー」となります。欧米とくにアメリカで「リベラル」「リベラリズム」といえば、保守派に対立する進歩的な立場を指します。

どうして保守政党が「リベラル」を名のるのか、分からないという留学生の疑問は、もっともなことです。

リベラル＝自由ではない

英語圏であるアメリカの政治におけるリベラルとは、どのような意味を持つのか、もう少し詳しく見ておきましょう。共和党のブッシュ大統領と民主党のケリー候補が争った二〇〇四年のアメリカ大統領選は、「保守対リベラル」の対決だと言われました。たとえば、新聞はその様子を次のように伝えています。

「ケリー氏の地元マサチューセッツ州は米国のリベラルの総本山。『マサチューセッツ人民共和国』とも揶揄《やゆ》され、高い税金、充実した福祉、同性愛に理解を示す自由な風土で知られる。例えば、ケリー氏は同性のカップルに結婚と同等の権利を与えることに賛成し、共和党のブッシュ大統領との見解の相違が鮮明になっている」（「日本経済新聞」二〇〇四年三月五日付朝刊）

同じ記事では、米国における「リベラル」の定義として、①同性愛や中絶などの個人の選択を増やす、②軍備・諜報予算を削り社会保障や教育に再分配する――などを基本姿勢とする政治思想だ、と紹介されています。

これらは、単純に「リベラル＝自由」と考えていると、分かりにくいかもしれません。リベラル派の主張する「福祉の充実」にせよ「防衛費の縮小」にせよ、日本では、「自由」民主党よりも、むしろ社会主義的な立場の野党が唱《とな》えてきた政策だからです。

リベラルとかリベラリズムという言葉は、政治の話題になると、よく出てくるキーワードですが、「リベラル＝自由」「リベラリズム＝自由主義」と訳したのでは、誤解が生じてしまう複雑さ、ややこしさがあります。

リベラリズム 対 保守主義の対決

どうしてこんな面倒なことになっているのでしょうか。このあたりの経緯を分かりやすくまとめている広井良典著『生命の政治学』（岩波書店）という本を参考にして、少し歴史を振り返ってみましょう。

もともとリベラリズムというのは、その名のとおり、家族やムラ、国家からの「個人の自由」を主張する立場です。この思想が花開いたのは一八世紀の西ヨーロッパ。工業化と資本主義の発達のなかで、伝統的な共同体や国家から自立した個人が、経済活動を始めとして自由に行動するというのが、ここでの「自由」の意味でした。
この段階でリベラリズムと対立していたのは、伝統的な共同体の価値観を守ろうとする**保守主義**です。「リベラリズム対保守主義」の対決です。

対社会主義という新たな対立軸

リベラリズムを背景として進展した産業化・資本主義化は、やがて貧富の差の拡大や自然破壊などの問題を生み出します。そして一九世紀に入ると、リベラリズムに対抗して、個人の自由な経済活動に歯止めをかけるため政府が積極的な役割を果たすべきだという立場が出てきます。

これが**社会主義**の思想です。ここで「リベラリズム対社会主義」という新たな対立軸が浮かび上がってくるわけです。

二〇世紀には、ロシア（ソビエト連邦）や東欧諸国、中国などで、この社会主義思想に基づく国づくりが行われます。これら「社会主義」諸国と、アメリカや西ヨーロッパ、日本などの「自由主義」諸国とが、互いに核兵器を携《たずさ》えて対決したのが、第二次世界大戦後約四五年間に及んだ東西冷戦でした。

もう一つ、見落とせない出来事として、二〇世紀には、リベラリズムのほうにも変化が生じました。

リベラリズムは、個人の自由を第一に考える思想です。しかし、自由を本当に保障するためには、国家（政府）が積極的に役割を果たす必要があるとする考えが、リベラリズムの中心になっていきます。たとえば、社会保障や消費者保護、環境保全など、弱い立場の人びとや将来の世代を守るために、政府が所得再分配や規制などの仕事をしっかりとやるべきだという考え方です。

リベラリズムも、二〇世紀になると、社会主義的な要素をかなり取り入れるようになったわけです。

新保守主義と新自由主義

一九七〇年代後半になると、これらリベラリズムや社会主義に対抗して、改めて保守的な思想が台頭してきます。これが**新保守主義**と呼ばれる立場です。

新保守主義は、家族や伝統文化の尊重や、愛国心の大切さを強く唱えます。この点で、あくまで個人の自由を強調するリベラリズムとは、鋭く対立します。アメリカ政治のニュースによく登場する「ネオコン」の人々は、新保守主義の典型です。「新」保守主義と、頭に「新」が付くのは、一八世紀にリベラリズムが対決した伝統的な保守主義との対比での話です。

新保守主義は、政府の規制や福祉政策を最小限にして、ものごとをなるべく市場原理に委《ゆだ》ねるべきだと考えます。一見すると愛国心の強調と矛盾《むじゅん》するのですが、「**小さな政府**」が理想だというわけです。

この点では、かつてのリベラリズムが、個人の自由を最大化するために「小さな政府」が理想だ、と考えたのに似ています。新保守主義が、「**新自由主義（ネオ・リベラリズム）**」とも言われるのは、このためです。新保守主義は、弱者の保護のために政府が積極的な役割を果たすべきだと考える立場（とくに社会主義）と鋭く対立します。

整理された三つの立場の関係性

これで、リベラルという言葉の意味が、だいぶ分かっていただけたと思います。

アメリカで「保守 対 リベラル」と言うときの保守は、正確に言えば「新保守主義」という立場であること。保守派が「自由」を掲げるとき、その「自由」の意味は、政府の役割はできるだけ小さくして、ものごとをなるべく市場原理に委ねるべきだという意味で使われているということ。そのような立場は「新自由主義（ネオ・リベラリズム）」と呼ばれており、リベラリズムとは一線を画していること――などです。

ここまでの話を整理すると、大きく分けて三つの立場が浮かび上がってきます。新保守主義（新自由主義）・リベラリズム・社会主義の三つです。

理解できる文章の幅が広がる

この話をさらにスッキリ理解するために、一つ補助線を引いてみます。保守主義、リベラリズム、社会主義（社会民主主義）という互いに対立する三つの立場があるわけですが、ここに「個人vs.共同体」という対立軸を置いてみましょう。

まず、保守主義が愛国心や伝統文化、家族の価値など共同体の絆《きずな》を強調するのに対して、リベラリズムは個人の自由を重んじます。

「保守主義＝共同体↔リベラリズム＝個人」

というわけです。

一方、共同体から解放されバラバラになった個人を、新たにつなぎとめるため新しい共同体をつくろうと考えるのが、社会主義の思想です。この立場は、場合によっては「コミュニズム（共産主義）」とも言われますが、コミュニズムの語源である「コミューン」は「共同体」という意味です。要するに、ここでの対立は、

「リベラリズム＝個人↔社会主義＝（新しい）共同体」

と整理できます。

なお、ここまでの話で、社会民主主義とあるのを見て、「社会主義」はもう過去のものではないのか、と思った人もいるかもしれません。たしかに、ソビエト連邦が崩壊して以降、社会主義の影響力は世界的に見ても、また日本国内でも衰《おとろ》えました。しかし、西欧や北欧では、一党独裁の社会主義体制とは異なり、市場経済・議会制民主主義の中で福祉・環境などを重視する「社会民主主義」の政党が政権を担《にな》っている国がまだ多くあります。

この「個人vs.共同体」という対立軸は、なにも難しいものではありません。会社や学校、

近所づきあいなどを考えてみても簡単に分かることです。

ルールや道徳でもって個人をつねに縛《しば》りつけるような、全体主義の社会が生きにくいのは当然だけれど、かといって、個々の人間が勝手気ままにふるまうことを無制限に認めれば、助け合いや連帯感などのない、これまた住みにくい世の中になってしまいます。

個人と共同体という二つの要素の間でいかにバランスを取るかは、社会を論じる際に、いつでもついてまわる論点なのです。「個人vs.共同体」という対立軸を意識しておくことで、理解できる文章の幅がぐんと広がります。

ここで、ためしに一つ文章を読んでみてください。

「正義とは何か」と「何が正義か」

次に紹介する『共生の作法』という本において、筆者の井上達夫氏（法哲学者）は、「正義」というものを正しく理解するには、正義に二つの面があることを理解しなければならないと言います。以下は、その「二つの側面」の説明です。みなさんはこれが理解できますか。

正義に関する人々の両面的な態度を説明するための一つの鍵は、「正義とは何か」という問いと「何が正義か」という問いとの区別に求められるだろう。前者は正義の問題全体を包括するものとして問われることもあるが、特にこれを後者と区別された問いとして解するならば、この問いは正義の基準（criterion）、即ち正義原則（the principle of justice）を求めているのではなく、正義の意味（meaning）、即ち正義概念（the concept of justice）あるいは正義理念（the idea of justice）を求めているものと考えることができる。これに対し、後者はまさに正義の基準としての正義原則が何であるかを問う。相対立する様々な正義観（conceptions of justice）は後者の問いに関わり、様々な正義原則を解答として提示している。しかし、これら様々な正義観の提唱者はいずれも自己の主張を、人生観や法律観や国家観、さらには道徳観一般等と関連しつつもそれらと同一ではない正義観として提出している以上、彼らがそれぞれの正義原則によってその基準を与えようと意図している共通の正義概念が存在するはずである。もし彼らが同一の概念について異なった基準を与えているのでなければ、そもそも彼らの間に対立は存在し得ない。

井上達夫『共生の作法』（創文社）による

教室で高校生にこの文章を読んでもらうのですが、頭を抱えてギブアップしてしまう人がかなりの数います。文章自体が難解なせいもあるのですが、何度も生徒の質問に答えるうちに、どうもそれだけが原因でないことが分かってきました。「分からなさ」の背景には、文章の内容とからんだ本質的な問題が隠れているのです。

本文の内容を確認しながら考えていきましょう。まず、この文章が対立の論理展開で書かれているらしいことは分かりますね。

A　正義とは何か……正義概念・正義理念
　　＝万人に共通

↕

B　何が正義か……正義観・正義原則・正義の基準
　　＝人によって異なる

多くの人がとまどうのは、Aの「正義とは何か」とBの「何が正義か」とは、要するに同じことじゃないのかと思うからです。実際、「正義とは○○である」のならば「○○が正義

である」とも言えそうです。

Bの「何が正義か」のほうにだけ注目すれば、正義の基準・正義観が人によって違うというのは、なるほど納得できます。

たとえば、正義のためなら戦争をしてもよいと考えるのか（正戦論）、それとも何があっても絶対に戦争は悪だと考えるのか（絶対平和主義）という立場の対立は、二つの正義観の対立の分かりやすい例です（ちなみに、ここで「正義観」というのは、〝正義に対する考え方〟くらいの意味です。「○○観」で〝○○に対する考え方〟という意味になります。たとえば、「人生観」「世界観」など）。

共通の土俵がなければ対立は生じない

ところが、正義のもう一つの側面であるA「正義とは何か」のほうは、万人に共通のものだと、筆者の井上さんは言うのです。でも、「正義」について、すべての人に共通する側面なんて、はたして存在するのでしょうか。

様々な正義観の提唱者はいずれも自己の主張を……正義観として提出している以上、彼らがそれぞれの正義原則によってその基準を与えようと意図している共通の正義概念が存在するはずである。もし彼らが同一の概念について異なった基準を与えているのでなければ、そもそも彼らの間に対立は存在し得ない。

この理屈に納得できるかどうかが、この文章を「読める」かどうかのカギを握っています。筆者の述べていることを、もう少しかみ砕いて言えば、こうなります。

……たとえば、Aさんが正戦論こそ正義だと主張し、Bさんは絶対平和主義こそ正義だと主張し、互いに譲らず対立しているとしよう。二人は対立しているのだが、ともに何が「正義」であるかをめぐって対立しているという点では共通している。つまり、二人は共通の土俵のうえで対立しているのである。かりに共通の土俵がないとすれば、対立自体が生じない。この共通の土俵が「正義概念」（＝正義とは何か）なのだ……。

共通の土台（正義概念）のうえで、Aさん・Bさんが闘っているというイメージです。二人は対立しているのですが、正義とは「人間行為の正しさ」や「正しい道理」を意味する（正義概念）という点では、二人の意見は一致しています。そして、いったい、何が「人間行為の正しさ」であり、何が「正しい道理」なのか？　その点で、AさんとBさんの対立が生じるのだと、筆者は言うわけです。

リベラリズムの典型的な論法

だが、ちょっと待てよ。と、首をかしげる人がいるはずです。

——「正義とは何か」と聞かれて、「それは人間行為の正しさだ」「正しい道理だ」と答えるのは、たしかに間違ってはいない。けれど、それは「正義」を別の表現で言いかえたにすぎず、「正義とは何か」について、実際には何も語っていないに等しいではないか。この問いにきちんと答えるには、「正しさ」の中身について何ごとか言う必要があるのではないか。たとえば、「正義とは個人の自由を最大限尊重することだ」とか、「自分の親を敬《うやま》い、国を愛することだ」とか、「悪に対して武器を取って立ち向かうことだ」「いや、正義とは、どんなときも決して暴力に訴えないことだ」というように……。

要するに、正義についての考えは、「何がよいこと・正しいことであるか」という判断と切り離すことはできないのではないかというのが、ここでの疑問です。この疑問には、しごくもっともな面があります。

というのも、「正義概念」のような万人に共通する土俵があるというのは、リベラリズムに典型的な論法だからです。つまり、リベラリズムの立場をとらない人には、このような論法は納得できないということが起こりえます。

リベラリズムは、共同体よりも個人を優先する立場でしたね。あえて単純化すると、個人と社会（共同体）の関係を考えた場合、リベラリズムの人は、最初に個人が存在し、その個人が集まって社会をつくり上げると考えます。この立場によれば、個々の人間が抱いている正義観は、それぞれの人が自由な意思で選択したものだということになります。

共同体主義からの批判

この発想と鋭く対立するのが、「**共同体主義**」（**コミュニタリアニズム**）と呼ばれる立場です。先に紹介した保守主義は、その一つの典型と言ってよいでしょう。

共同体主義の人は、社会のほうが個人よりも先に存在すると考えます。この立場からすれば、すべての人はある特定の共同体の中に生まれ、その中で育ちます。正義観についても、個人が好き勝手に選択するものではなく、共同体の中で育《はぐく》まれ、メンバーの間で共有され、そして親から子へ、子から孫へと伝えられるものだ、ということになります。

この立場の人にとって、「正義とは何か」と「何が正義か」との区別には、はっきり言って意味がありません。「正義とは何か」という問いへの答えは、実際に「何が正しく、よいことであるか」という具体的な内容を含む必要があり、しかも、その内容は個人が好き勝手に選択するものではなく、共同体によって与えられているからです。

たとえば、この章の冒頭で、アメリカ政治におけるリベラル派の基本思想として、「同性愛や中絶などの個人の選択を増やす」というのを紹介しましたが、共同体に重きを置く保守派は、同性愛や中絶には反対です。保守派の人々は、誰を愛し誰と結婚すべきか、いつ何人の子どもを生むべきか、といったことは、個人がまったく自由に選択してよいことではなく、共同体のルールや自然（神）の摂理に従うべきだと主張するわけです。

文章を読めない理由

教室で「正義とは何か」と「何が正義か」の区別がよく理解できず、授業の後で質問に訪ねてきた生徒と話をしてみると、彼らの多くは、どうやら共同体に重きを置く考え方を持っているらしいことが分かります。そして、その考えを、文章を読むときに無意識のうちにあてはめているようです。

なにも共同体主義の考え方が悪いと言っているわけではありません。逆に、リベラリズムの考えが悪いのでもありません。
「個人vs.共同体」というのが、社会を考えるうえでの基本的な対立軸の一つなのだとすれば、誰しも、極端な個人主義か、極端な共同体主義の間のどこかに足場を置いて、社会を見つめていると言えます。大切なのは、自分がどこの位置に立っているのか、何を信じているのかについて、ある程度自覚的であることです。それができていないと、自分の信じ込んでいる立場と違う立場の文章を読んだときに、まるで理解できなくなってしまいます。

ここで紹介した「個人vs.共同体」という対立軸は一つの例にすぎません。さまざまなテーマについて、そういった対立軸を念頭に置きながら文章を読んでいくこと。自分の考えを相対化しつつ、また筆者の意見もその対立軸の上に位置づけつつ相対化しながら読んでいくこと。現代国語でいろいろな文章をじっくり読むことの究極の目的は、そういう相対化のできる頭をつくることにあると、私は思っています。

現代国語の読解術として、「先入観を抜きにして正確に読むべし」ということがよく言われますが、先入観をなくしてしまうことは不可能です。できるのは、ただ、自分がどういう先入観を持っているのかを自覚しながら読むことだけです。

そのために必要なのは、「さまざまなテーマについてさまざまな論じ方があることを具体的に知ること」、そして、「さまざまな論じ方を貫《つらぬ》く対立軸を意識すること」だと思います。

第七章　読解力は書く力にもなる

作文にも読解力を効果的に生かす

ここまで解説してきたテクニックは、文章を読むときだけでなく、書くときにも役立ちます。

たとえば、**論理展開の三つの方法を意識して使う**ことで、自分の書く文章を、これまで以上に論理的で説得力あるものにすることができるでしょう。

二つのものを比べて一方が他方に比べて勝っているということを主張したい場合、意識的に対立の論理展開を使ってみてください。

また、話がごちゃごちゃして分かりにくくなりそうだなと思ったら、「第一に……、第二に……、第三に……」と、要点を並立にしてみてください。

さらに、読者にしっかり伝えたいことは、一回だけ書くのではなく、表現を変えて繰り返し述べてみてください。同内容の論理展開ですね。

どの方法も、これまでも文章を書くときに、無意識にかもしれませんが、使ってきたもののはずです。今後は、それを意識してより効果的に使ってほしいのです。

書くときにも接続語を意識する

接続語に関しても同様です。文章を書くときに接続語をまったく使わない人は少ないと思いますが、効果的な使い方、正しい使い方ができているかは個人差が大きいはずです。自分がどのような論理展開をしたいのか明確に意識して、それにピッタリ合う接続語を選んで使うことができている人は決して多くないと思います。

たとえば、順接のところに「でも」とか「が」を使ったり、「つまり」や「すなわち」で結ばれた部分を読んでみると、前後が同内容（同格）になっていなかったり。

こういう文章は、読む人が読めば非論理的でいい加減な文章だとすぐにバレてしまいますし、何よりも自分の言いたいことが十分に伝わりません。

接続語を的確に使えば、文章は論理的に、引き締まったものになります。自分の言いたいことが、相手に確実に伝わる可能性もそれだけ高まります。第四章のテクニック⑤でまとめた「主な接続語とその働き」を見直して、文章を書くときに利用してみてください。

そのほか、理由や言葉の定義、指示語に敏感になるのも、文章を書く際に大事なことです。

この本の第三章から第五章で述べたテクニックや要約の方法は、読む力だけでなく書く力にもそのまま応用できるわけです。

小論文の授業を担当して分かったこと

読む力が、書く力に直結していることを実感したのは、高校生の小論文の授業を担当していたときです。この年は、同じ教室で現代国語のクラスも受け持っていました。

私の小論文の授業は、他の教室でも同じようなものでしょうが、毎週、授業で簡単な解説をしたうえで宿題として原稿用紙二、三枚ぐらいの課題を書いてきてもらい、翌週、解答例を示しながらさらに解説し、授業後に答案を回収・添削して、その次の週に返却する―という流れで行っていました。

添削の際には、一〇〇点満点で点数もつけます。小論文に点数などつけられるのかと思う方もいらっしゃるかもしれませんが、よほど簡単すぎるか難しすぎる問題でない限り、かなり正確に解答者の実力を反映した採点をすることができます。

実際の入試では、小論文で合否を決めているわけですから、教室で指導するうえでも、答案の出来具合をある程度客観的に把握できるような態勢が必要です。そこで、あくまでも目安ですが、一〇〇点満点で答案を採点するのです。

どうやって採点するかといえば、これも他の教室でも大差ないと思いますが、私の場合、まず満点の一〇〇点を五つの項目に二〇点ずつ割り当てます。五つの項目というのは、だいたい以下のようなものです。

①要約力：問題文の要約や資料の読み取りが的確にできているか
②設問への応答：出題者の要求にきちんと答えているか
③論理性：議論が首尾一貫しているか、日本語表現は明晰《めいせき》か
④問題意識・独創性：他人の意見の受け売りでなく自分で問題を深く考えているか
⑤総合評価

こういう基準で採点していくと、現代国語の授業も受講している生徒のほうが、小論文の上達が早いことに気づきました。もちろん、現代国語の受講者と未受講者との間で、もともとの国語力に差があるかもしれませんから、一概に言いきれない面もあるのですが、現代国語の授業で論理展開の「三つの方法」や接続語の用法を教えた生徒の中には、それをどうにか小論文で使おうと努力していた人たちがいたのは確かです。

みなさんにもぜひ、そういうかたちで読解力を生かしていただきたいのです。

「超」読解力は外国語にも役立つ

本書で紹介してきた読む力は、日本語の文章を読み書きするのに役立つだけのものではありません。外国語を読み書きするときにも力を発揮します。二〇代の半ばにカナダ西海岸のバンクーバーへ語学留学したとき、それを実感しました。

最初は、街中の小さな語学学校に通って英語の勉強を始めました。語学学校は英会話だけでなく、発音から文法、ヒアリング、作文まで、いたれりつくせりのカリキュラムでした。中学以来、遠ざかっていた動詞の活用（現在形―過去形―過去分詞形）を復習したり、英単語の書き取りを練習したりと、中学・高校時代に戻った気分で、一から英語を勉強しなおしました。

とくに面白かったのは、授業で「スモール・トーク」の仕方まで教えてくれたことです。スモール・トークというのは、日常的な、なにげない雑談・世間話のことですが、会話の授業では、いかにスモール・トークをするかというレクチャーや実習までありました。どうやって共通の話題を見つけて打ちとけるか、そのときに適当な話題は何かとか、触れてはいけない話題は何かとか、そんなことまで丁寧《ていねい》に教えてくれました。授業を受けるまでは、「世間話の仕方なんて教わるものじゃなかろうに」と思っていたのですが、会話の授業を受けるうちに、みるみる英語を話すことに慣れていきました。英会話の上達にとっては、英単語や文法などの英語そのものの知識と並んで、場面に応じた話の中身、話題を繰り出せる力が必要だということを実感しました。

こうした授業のおかげで、一、二ヵ月たつうちに日常会話にはまったく不自由しなくなり、語学学校の生活にもだんだん退屈してきました。

英作文クラスで落ちこぼれの危機に

そこで、語学学校の近所にある大学のテクニカル・ライティング（作文）の授業を受けてみることにしました。そこは、ビジネスと工学が専門の大学なのですが、英語を母語としない移民やその子どもたちがたくさん通ってくるので、入学前に、大学での勉強やビジネスで必要な基本的な英語力、作文力を身につけさせようという目的でライティングのクラスを設けているのでした。

入ってみて気づいたのは、自分の英会話力がまだ不十分だということでした。語学学校と違って、大学のライティングのクラスに集まっていたのは、すでにカナダで仕事を持ち移民として永住する意志を持った人たちでした。

すでに数年カナダで暮らしている人も多く、英語はペラペラという人たちがほとんどです。多くのクラスメートは、キャリアアップのために、大学で工学やビジネスを学びたいと思い、そのために必要だからライティングの授業を取っている人たちだったのです。

一時間目の授業で、他のクラスメートがみな流暢《りゅうちょう》な英語で自己紹介するのを聞いて、私は落ちこぼれるのではないかと、すっかり心配になってしまいました。

「超」読解力で優等生に変身

ところが、結果的にそれは杞憂《きゆう》でした。授業が始まってみると、その内容は、対立・並立・同内容など文章をどう展開するかとか、接続語をどうやって使い分けるかなど、まさに本書で書いてきたような内容だったからです。言葉が英語になっただけで、内容はこれまで自分が日本語で学んだり教えたりしてきたものでした。

クラスには一人、我々外国人に混じって高校を卒業したばかりのカナダ人がいました。彼の母語は英語なのですが、読む力や書く力に関しては、一八歳の彼と比べるとこちらに一日の長があります。彼に単語や熟語の意味を教えてもらう代わりに、論理展開の方法や接続語の使い方について教えてあげたりもしていました。

担当の先生には、「カナダにやってきて数ヵ月なのに、どこであなたは英語をマスターしたのか」と不思議がられました。しゃべったり聞いたりがクラス中でもっとも遅い一人だったのに、いつのまにか「優等生」扱いになっていました。

これは、英語力の問題ではなく、日本語にも共通する読解力のおかげです。大学での勉強や、国語・小論文を教える仕事の中で、自分の中に身についていた読解力が、英語力に下駄をはかせてくれていたのでした。

書く技術を盗み学ぶ

読む力を書くときに生かすという場合、重要なのは、他の人の書いた文章から、書き方のテクニックを盗むということです。

たとえば、身近なものとして、新聞のコラムや社説などは、読解力＝書く力を鍛えるための格好の教材でしょう。もちろん、新聞のコラムや社説なら何でも参考になるというわけではありませんが、こういう文章においては、限られた字数の中で主張を明確に分かりやすく伝えるための工夫がなされています。

前の章で解説した論理展開の三つの方法や、この章で紹介したテクニックを思い出しながら、新聞のコラムや社説を読んでみてください。ふだん、なにげなく読んでいる文章の中に、じつはさまざまなテクニックが用いられていることが分かるはずです。

「これは使える」と思う言い回しや、論理展開の方法などがあれば、メモするなり、切り抜くなりして覚えておいて、自分が文章を書くときに使うようにします。そうすることで、読む力を書く力につなげていくことができるのです。

この本では何度か、話題や話の運び方のパターンをたくわえてある場所（トポス）の話をしました。読むときにも書くときにも共通することですが、結局、モノを言うのは、さまざまなテーマについてさまざまな論じ方があるということを具体的にどれだけ知っているかということです。

ここで言う論じ方には、対立・並立・同内容という三つの方法や、また第六章で例を挙げたような議論の対立軸（たとえば「個人vs.共同体」など）が含まれます。

たとえて言えば、論じ方の引き出しを自分の頭の中にたくさん持っていれば、読むときにも書くときにも、それだけ余裕を持つことができます。この本は、みなさんが、そうした引き出しを増やすうえでの手助けとなるようにと考えて書きました。

この本で紹介したテクニックを手がかりに、これから新聞や雑誌、本などを読むときには、この引き出しを増やしていくこと、倉庫の中の材料を有効に使えるようになることを意識してください。私も日々、読解力の修業を続けていきたいと思っています。

あとがき

現代国語というのは、多くの生徒に「特別な勉強は必要ない」「勉強したからといって成績が伸びるものではない」と思われている点で、非常に特異な科目です。

英語や数学であれば、単語を覚えたり文法を理解したり、計算の仕方をマスターしたりといった「勉強すべき内容」がハッキリしていて、それらを身につけなければ永遠に成績は伸びないけれど、逆に努力してその内容をマスターすれば、それに応じた成果が返ってきます。ところが現代国語の場合、そうした努力と成果の関係が、他の科目ほど明確には分からない、というのが生徒の実感のようです。

同じ国語でも、古文や漢文の場合は、文法や単語をマスターしなければ文章を読めるようにならないけれど、現代国語の場合、日常的にしゃべっている現代の日本語で書かれているのだから、とくに勉強しなくても読むことはできる――そう考える人も多いようです。

そうした考えがまったくの誤解だということは、この本を読まれたみなさんにはご理解いただけることと思います。ここまで繰り返してきたように、読解力は、語句や文法についての知識や、論理的思考のテクニック、文章についての背景知識からなる総合的な能力であり、トレーニングによって強化することのできる力なのです。

高校生を相手に現代国語の授業を担当するとき、私の仕事は、こうした誤解を解くことから始まります。より正確には、一年間を通じて、この種の誤解を解くことにエネルギーのかなりの部分を注ぎつづけていると言ったほうがよいかもしれません。

現代国語で試されるような読解力や要約力は、トレーニングしないと身につかないものだし、正しいやり方をすれば、誰でも伸ばすことができるのだ——と、手を変え品を変え（同内容の論理展開ですね）、説得しつづけるわけです。

そんなふうに生徒との対話を何年も続けているうちに、「現代国語に特別な勉強は必要ない。勉強したからといって成績が伸びるものではない」と考える人にも、二種類のタイプがいることが分かってきました。

一つのタイプは「楽観論者」で、私が教室で「ラクちゃん」と呼んでいる人たちです。ラクちゃんたちは、現代国語の文章は、ふだんから私たちが使っている現代の日本語で書かれているのだから、英語や古文のように単語・熟語や文法についての特別な知識がなくても問題なく読みこなせる、と考えています。つまり、とくに勉強しなくても、「常識」で対応できるとタカをくくっているわけです。

もう一つのタイプは、「悲観論者」の「ヒーちゃん」です。ヒーちゃんたちは、自分には国語的なセンスがないから、いくら勉強しても無駄だとあきらめています。傍線部の意味や理由を説明したり、空欄に適当な接続語を入れたり、文章を要約したりといった現代国語の問題が解ける人は、特別な国語的センスの持ち主だと信じきっています。

ラクちゃんもヒーちゃんも、理由づけは違いますが、自分が現代国語の勉強をしないことを、なんとかして正当化・合理化しようとしているという点では共通しています。こうして勉強をしなかった人たちが、入試本番でどんな目にあうかは、わざわざ説明するまでもないことだと思います。

ちなみに、同じように現代国語の勉強をしないラクちゃん&ヒーちゃんですが、私の経験から二つのタイプを比べると、実際の試験に強いのは、楽観論者のラクちゃんのほうのようです。「常識さえあれば何とかなる」という（根拠のない）自信を持っているので、本番で意外な力を発揮するのかもしれません。と言っても、これはあくまでもラクちゃんとヒーちゃんの比較の問題なので、入試ではラクちゃんも惨憺《さんたん》たる結果に終わることが多いのですが。

ラクちゃんとヒーちゃんとでは、もう一つ、注目すべき共通点があります。それは文章を読むことを、結局、センスとかカンの問題だと考えていることです。常識という言葉は、英語で「コモン・センス」と言います。コモンは「共通の」という意味だから、コモン・センスは直訳すれば、「共通の感覚」ということです。多くの人に共通する感覚、という意味で、日本語では常識という訳が当てられているわけです。

「現代国語には特別な国語的センスが必要だ」と考えている悲観論者のヒーちゃんも、「常識さえあれば現代国語のテストなど何とかなる」と思っている楽観論者のラクちゃんも、文章を読むことを、結局、センスの問題だと考えている点では共通しています。

そんなわけで、入試の準備として、英語や古文、数学の勉強はするけれど、現代国語については ほとんど何の対策もしないまま試験に臨んでしまう人がかなりの数いるのです。

だから私は、「現代国語は勉強すれば他の人と簡単に差がつくお得な科目だ」と、よく言います。これは、自分の授業にお客さんを引きつけるための宣伝文句という面もありますが、かなりの真実が含まれています。

じつは、こうした話は、大学受験や学校での国語の勉強に限らず、すでにそうしたところは卒業された大学生や社会人のみなさんにもあてはまる問題です。

本書で紹介した読解力の基礎は、仕事や勉強のうえで日々、必要とされる能力であり、本書で紹介したような要点を押さえてトレーニングすれば、きちんと身につくものです。ところが、そうしたトレーニングの必要性はあまり認識されていないし、その機会も驚くほど少ないのが現実です。

私の日常的な活動の場である大学でも、本書で紹介したような読む力あるいは要約の力を体系的にトレーニングする体制は、まだ整っていないと思います。これは個人的な印象ですが、大学の先生は、学問の内容を教えることには熱心ですが、それと比べて、学ぶための方法である読解力や要約力を学生に身につけさせようという意識は、希薄なように感じます。

ここにもやはり、国語力というのは中学・高校までの勉強で自然に身についているはずの「常識」であるとか、授業や研修では教えることのできない「センス」を必要とするものである、といった誤解が存在しているのでしょう。あるいは、本書で紹介したようなテクニックを、大学という、専門知識を授けるべき高等教育機関で教えるのは場違いだ、というような意識があるのかもしれません。

最近は多少、改善されてきたようにも思いますし、実際、私が尊敬する先生方の多くは読む力、書く力の教育に熱心なのですが、全体として見れば、まだこうした基礎的な技術や方法論を軽視・軽蔑する風潮があることは、非常に残念に思います。

本書で解説してきたのは、「読みごたえのある文章を正確に読んで、その内容を正確に要約するための技術」ということにつきます。これは、仕事をするうえでも、専門的な勉学をするうえでも基礎となる技術です。読解力は、常識や特別なセンスのたまものではなく、本書で示したような方法によってトレーニングすることで、意識的に鍛え、磨いていく性質のものです。

本書を手にとってくださったみなさんには、読解力を効果的に磨き、その技術を日々の勉強や読書のなかで活用し、やがてはそれを創造的な仕事へとつなげていっていただければ幸いです。

初めての著書となるこの本を書くにあたっては、企画や構成の段階から、具体的な執筆の過程に至るまで、講談社生活文化第二出版部長の村井浩さんに、たいへんお世話になりました。心よりお礼を申し上げます。また、私事にわたりますが、フリーの編集者で妻の美帆は、いつもどおり私の原稿を読み有益な助言を与えてくれました。感謝します。

主要参考文献

本書の執筆にあたって、以下の文献を参考にさせていただきました。
練習問題のために引用させていただいた文献は、その都度、出典を明記しましたが、ここにまとめて再掲いたします。

アリストテレス／戸塚七郎＝訳『弁論術』（岩波文庫）
脇阪豊・川島淳夫・高橋由美子＝編著『レトリック小辞典』（同学社）
野内良三『レトリック辞典』（国書刊行会）
石原千秋『教養としての大学受験国語』（ちくま新書）
澤田昭夫『論文の書き方』（講談社学術文庫）
村上陽一郎『科学の現在を問う』（講談社現代新書）
川喜田二郎『発想法』（中公新書）
玄田有史『仕事のなかの曖昧な不安』（中央公論新社）
見田宗介『現代社会の理論』（岩波新書）
中村雄二郎『術語集』（岩波新書）
ジョン・ブロックマン＝編／高橋健次＝訳『2000年間で最大の発明は何か』（草思社）

広井良典『生命の政治学』（岩波書店）
井上達夫『共生の作法』（創文社）

三上直之

1973年、千葉県に生まれる。東京大学文学部を卒業後、大手出版社に入社し、写真週刊誌の取材・編集に携わった後、東京大学大学院へ進み、同大学院環境学専攻博士課程単位取得。現在は、北海道大学科学技術コミュニケーター養成ユニット特任助教授。

東京大学大学院に在学中、高校生・大学受験生向けの予備校で「現代国語」「小論文」などの講師を務め、体系的・論理的かつ、わかりやすい授業と教材が評判となる。

講談社+α《プラスアルファ》新書 275-1 C

「超《ちょう》」読解力《どっかいりょく》

三上直之《みかみなおゆき》

2005年11月20日第1刷発行
2005年12月 6 日第2刷発行

発行者――― 野間佐和子
発行所――― 株式会社 講談社
東京都文京区音羽2-12-21 〒112-8001
電話 出版部(03)5395-3529
販売部(03)5395-5817
業務部(03)5395-3615
装画――― 荒木慎司
デザイン――― 鈴木成一デザイン室
本文組版――― 朝日メディアインターナショナル株式会社
カバー印刷――― 共同印刷株式会社
印刷――― 慶昌堂印刷株式会社
製本――― 株式会社若林製本工場

落丁本・乱丁本は購入書店名を明記のうえ、小社業務部あてにお送りください。

送料は小社負担にてお取り替えします。

なお、この本の内容についてのお問い合わせは生活文化第二出版部あてにお願いいたします。

Printed in Japan ISBN4-06-272347-6 定価はカバーに表示してあります。

講談社＋α新書

血圧革命
「上160下70」だから安心の大間違い！
高沢謙二
降圧薬の効き目は過小評価されている？ 新しい血圧指標が示すこれからの血圧対策決定版！
800円 258-1 B

「日中友好」は日本を滅ぼす！
歴史が教える「脱・中国」の法則
石平
古代から日本では、中国と深く関係した政権はことごとく短命だった――衝撃の日中関係史！
838円 259-1 C

40歳からのピアノ入門
3ヵ月でマスターした「コード奏法」講座
鮎川久雄
誰でも、驚くほど簡単に弾けるようになる革命的習得法。ピアノが弾けると、人生が変わる!!
800円 260-1 D

闘えない軍隊
肥大化する自衛隊の苦悶
半田滋
福井晴敏氏絶賛！ 非戦軍隊が一触即発の海外の「戦場」で格闘する姿を克明に密着ルポ!!
800円 261-1 C

50歳からの旅行医学
快適・安全・楽しい旅への97の知恵
篠塚規
体と心をもっと元気に、脳をより活性化する旅のノウハウ満載。読んでトクする健康旅行術！
838円 262-1 B

お風呂で5分！「アクア・ストレッチ」健康法
須藤明治
人気のアクア・エクササイズが自宅のお風呂で簡単手軽に実践できる。第一人者の驚きの技!!
838円 263-1 B

戦争ニュース　裏の読み方　表の読み方
保岡裕之
マスコミの表のニュースには〝真実〟はない!! 国・地域間の利害の衝突ゆえに歪む報道実態！
838円 264-1 C

トランプ遊びで子どもの知能はグングン伸びる
大野啓子
有名小学校への合格者数日本一!! 親子でトランプを楽しむ家庭から、エリートが生まれる!!
838円 265-1 C

病気をその原因から治す
ホメオパシー療法入門
風邪、子供の病気から、不定愁訴、ガンまで
渡辺順二
心身に潜む病気の真因に働きかけ、ふるい落とすもう一つの西洋医療。病気案内・薬事典付き
838円 266-1 B

クラシック　名曲を生んだ恋物語
西原稔
大作曲家が創作へと駆りたてられるモチベーション!! 天才の旋律に秘められた情愛の背景!!
876円 267-1 D

トヨタの思考習慣
世界一成功するシンプルな法則
日比野省三
誰でも今日から柔らか頭になる七つの成功習慣。世界最強の企業が実践する超簡単なメソッド!!
800円 268-1 C

表示価格はすべて本体価格（税別）です。本体価格は変更することがあります